Poussière De Lutin

ADULTE COLORIAGE
LIVRE FÉES EDITION

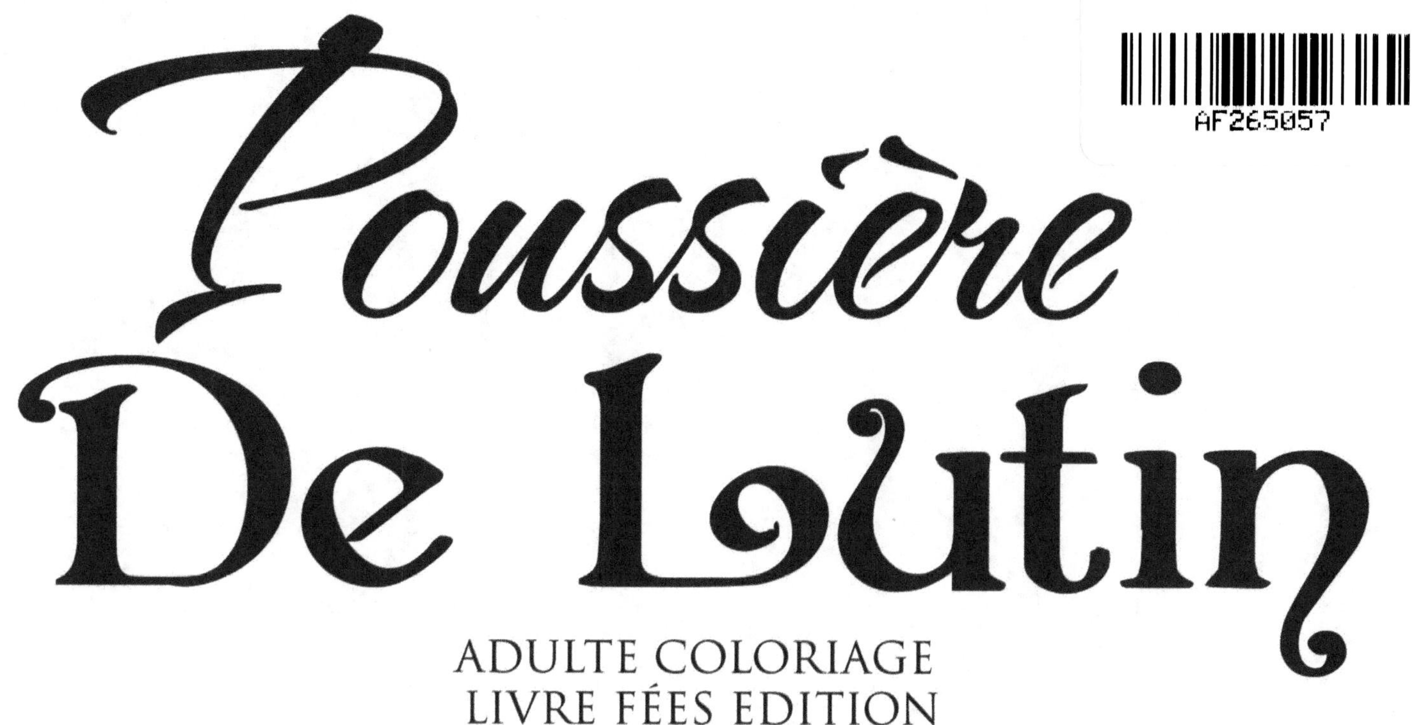

Coloring Bandit

Publié par Speedy Publishing Canada Limited

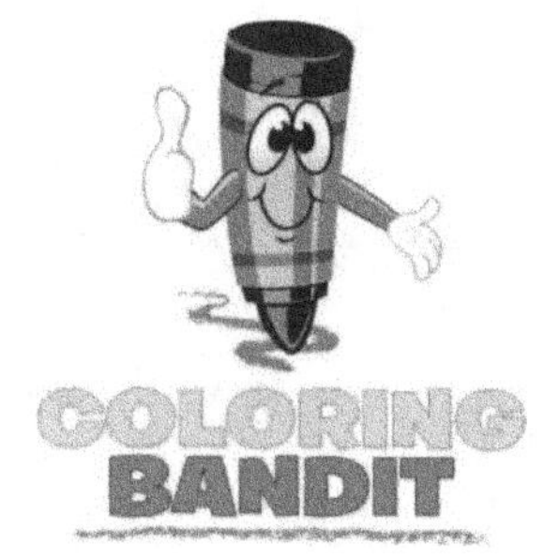

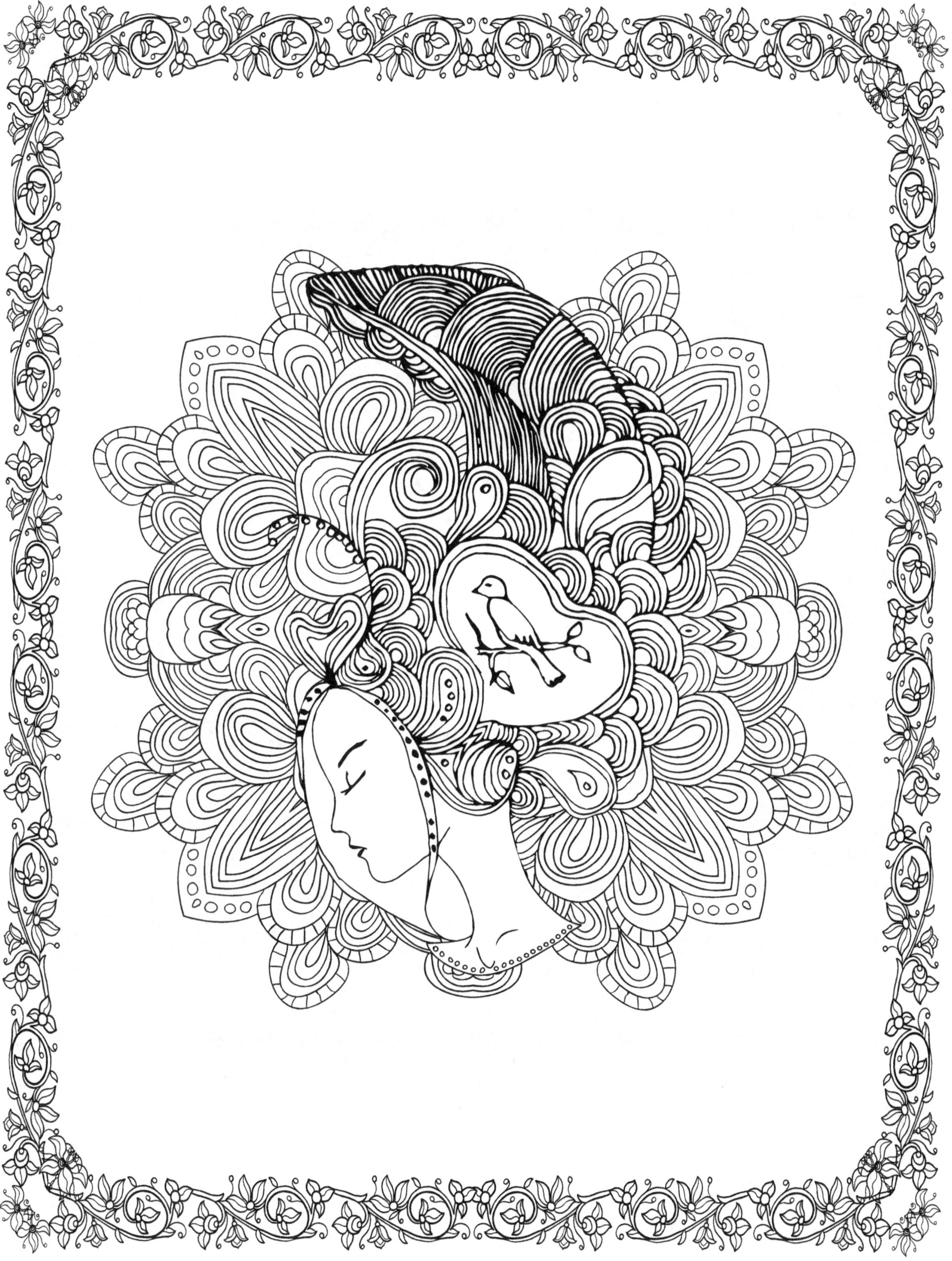

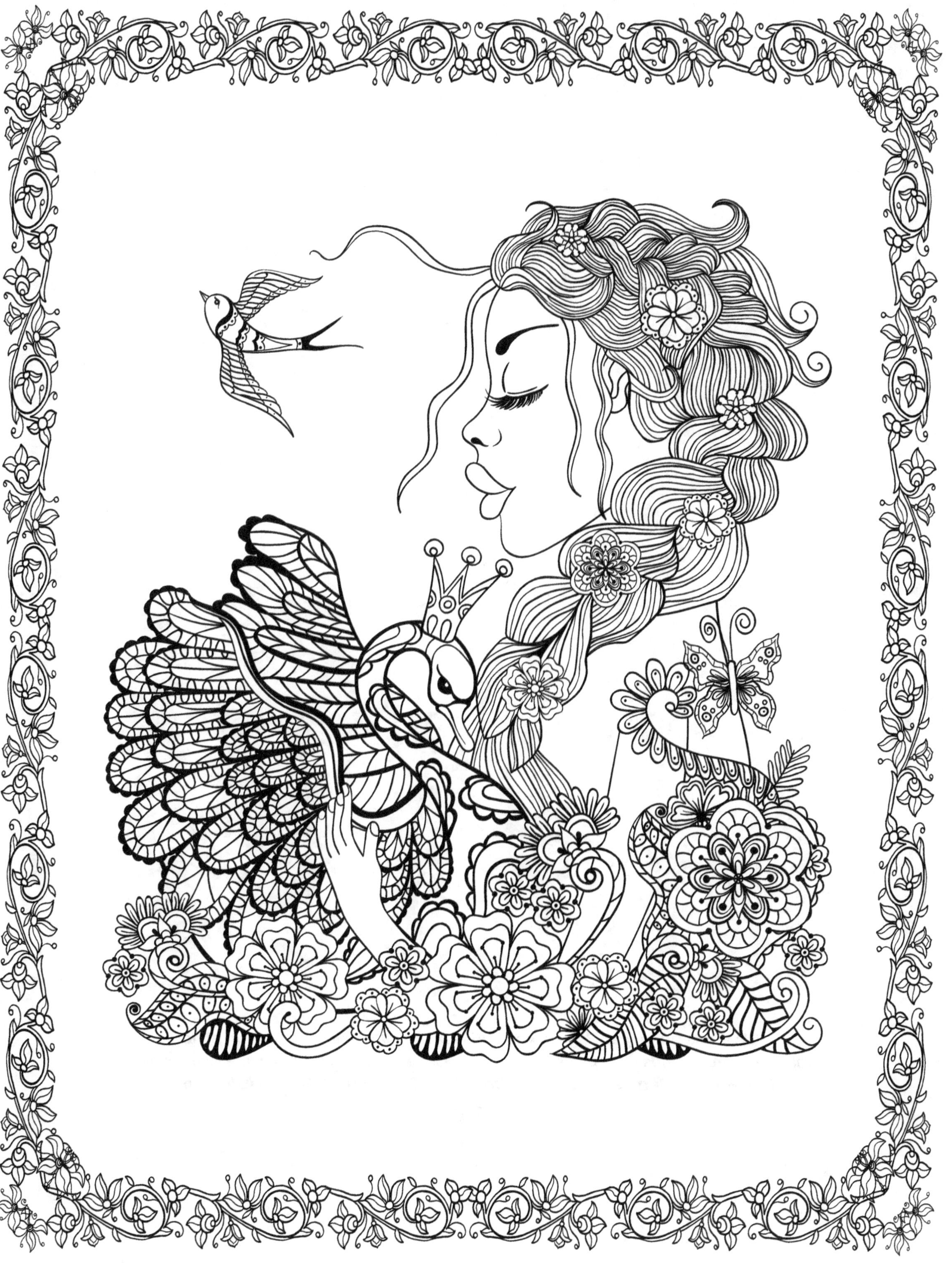

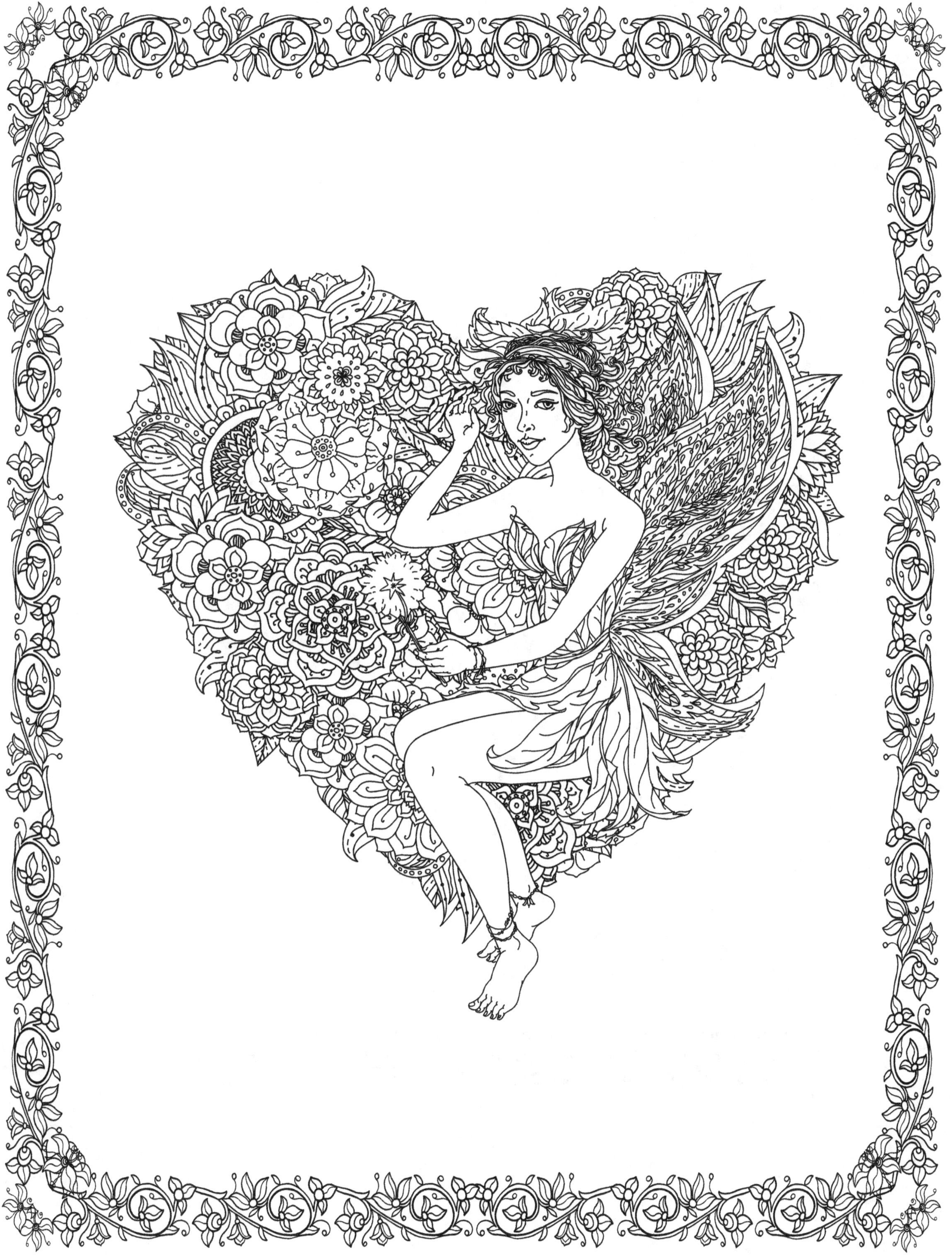

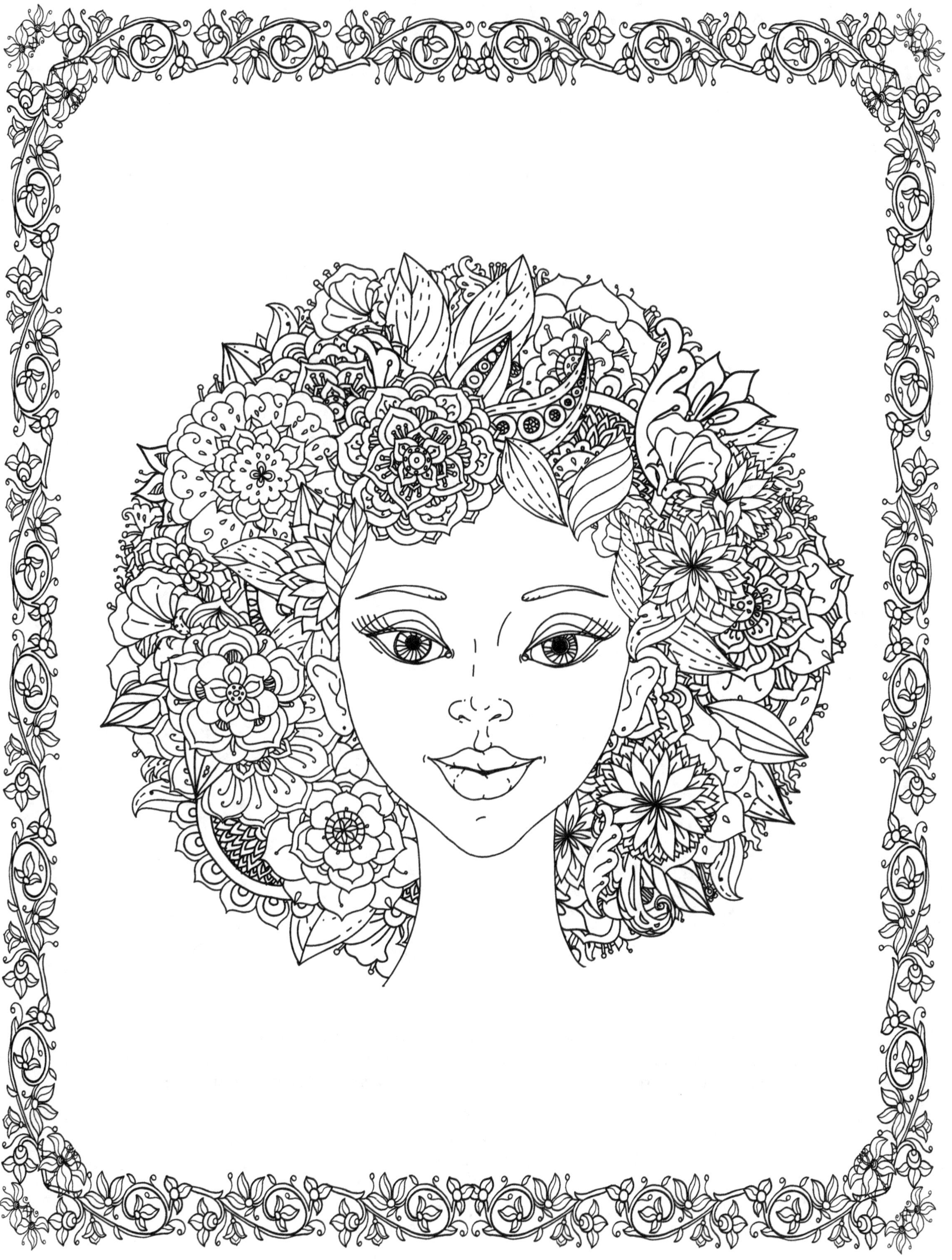

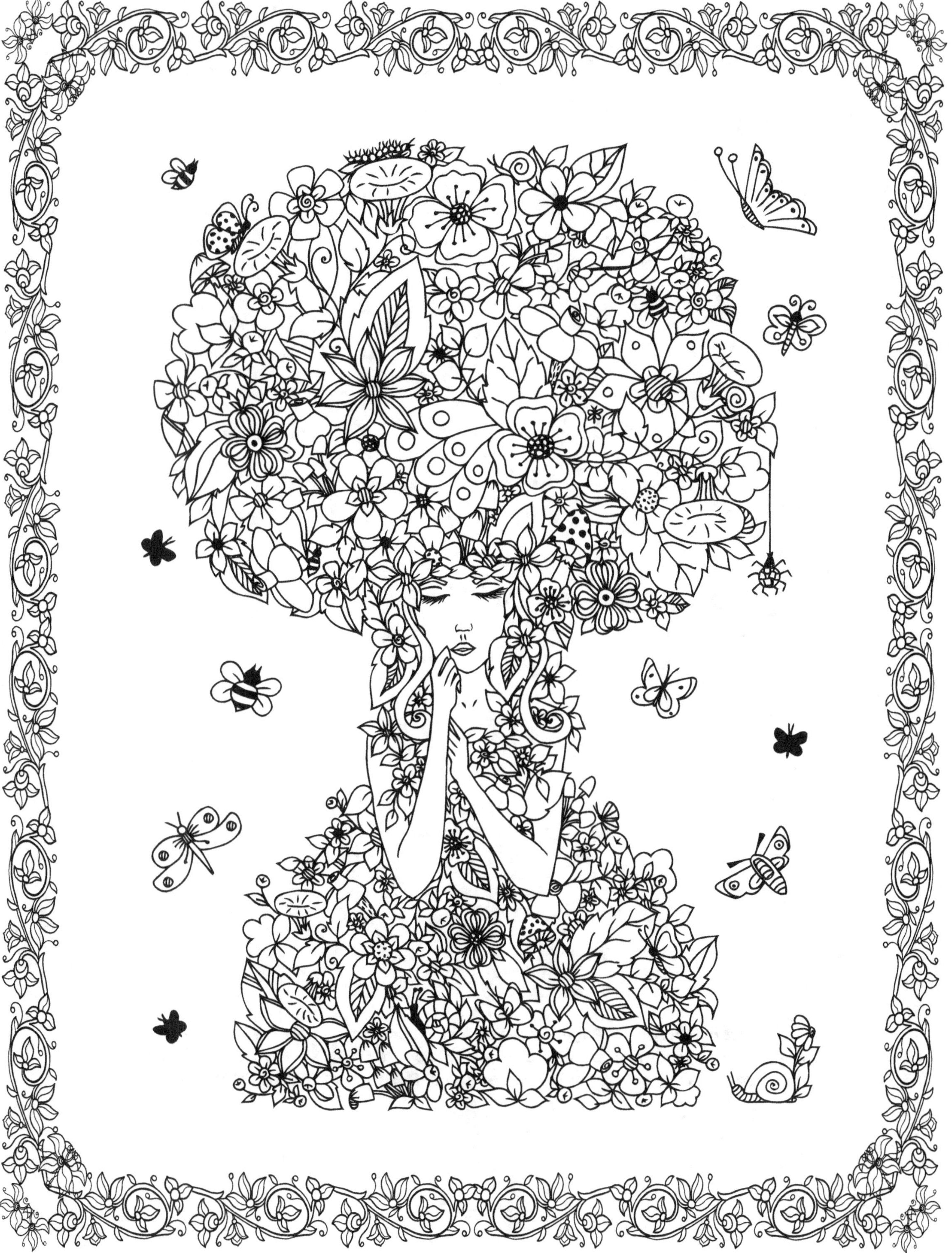

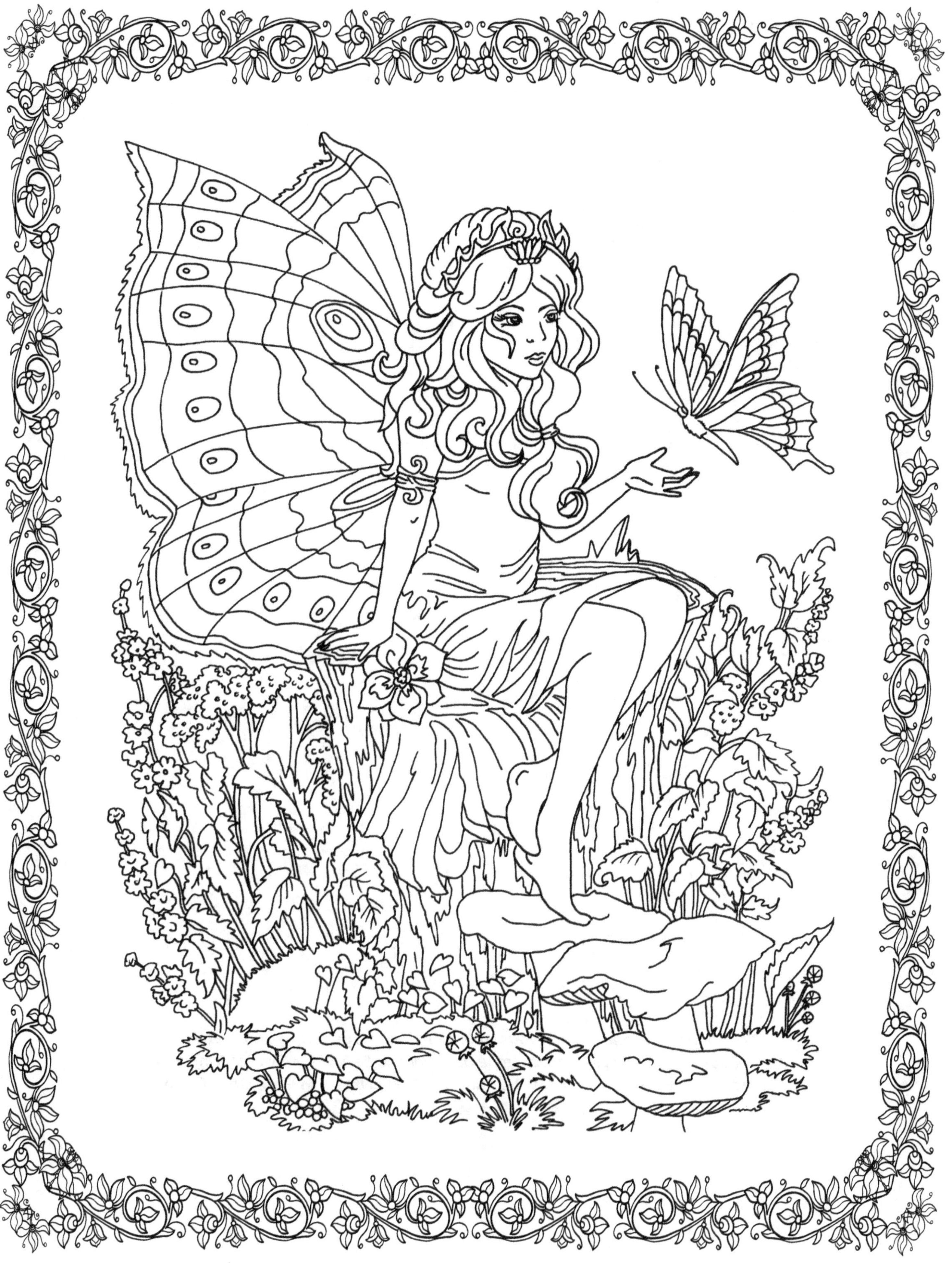

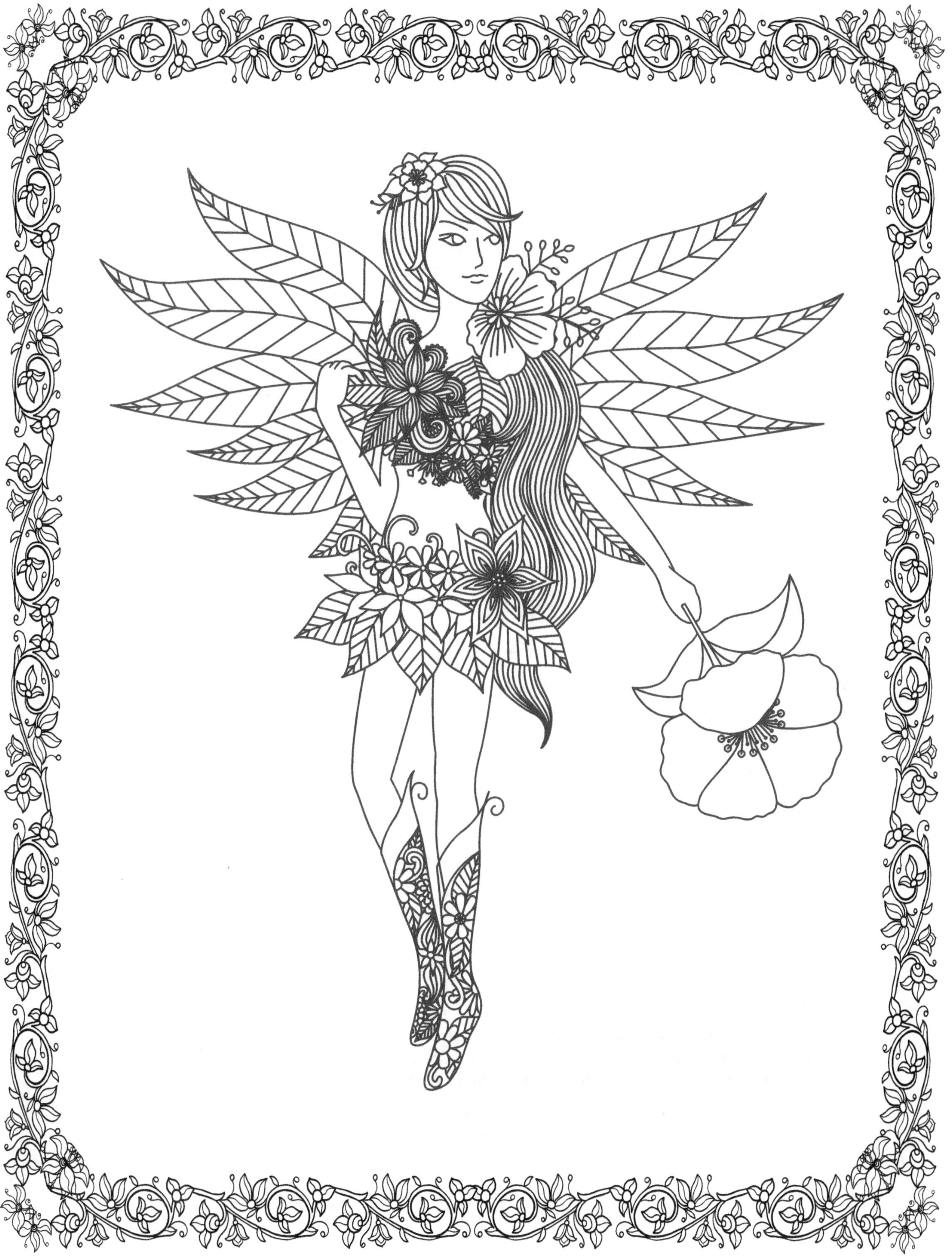

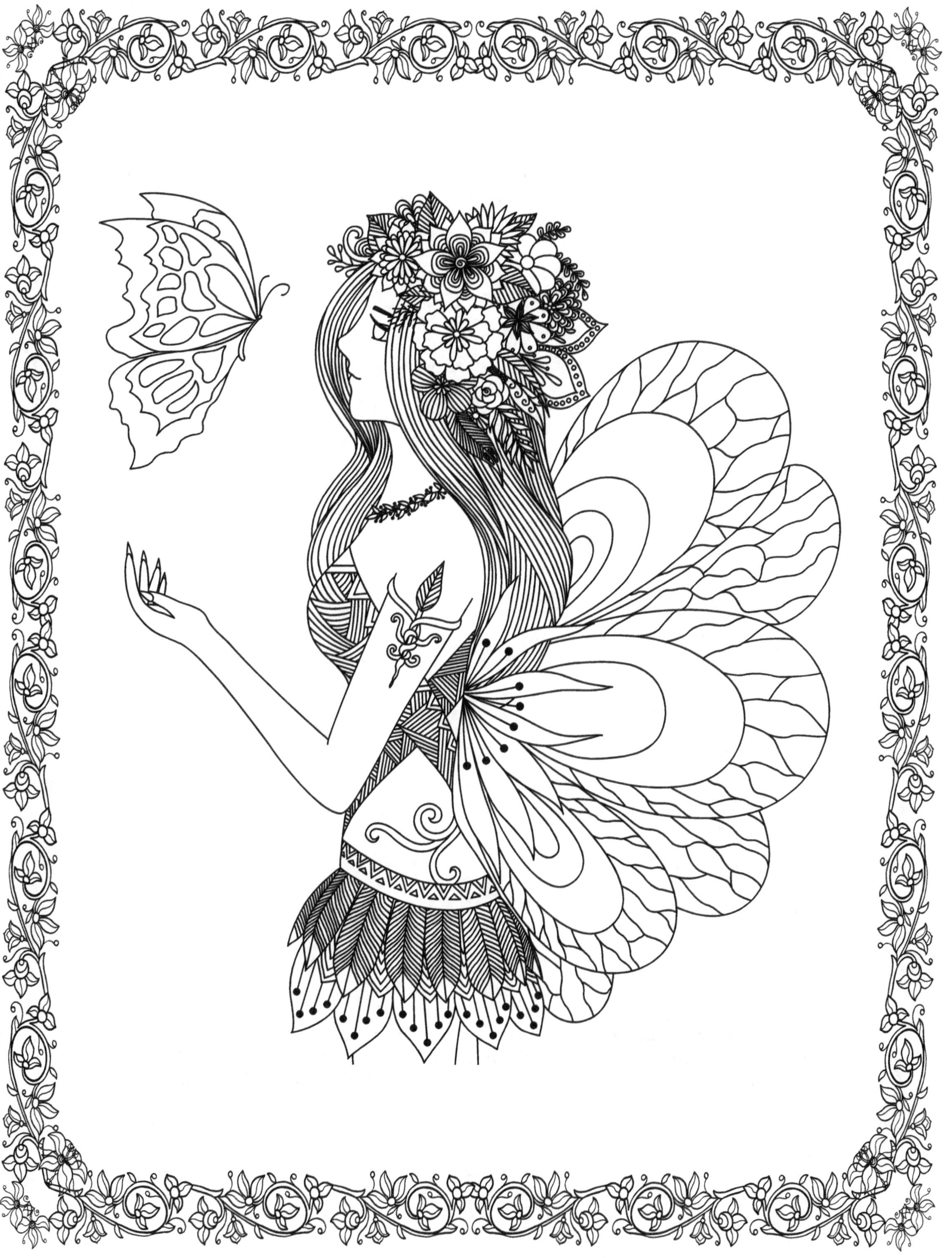

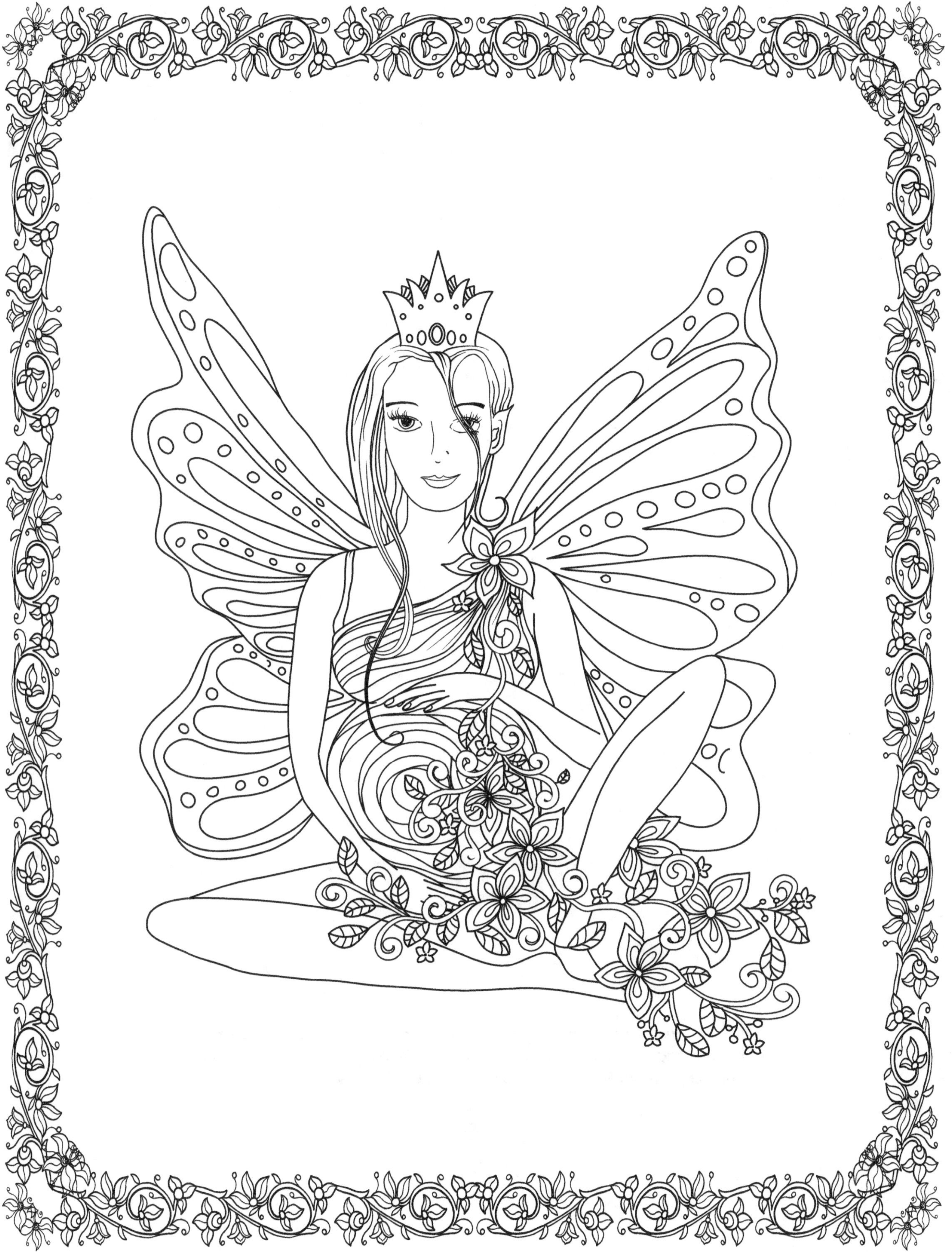

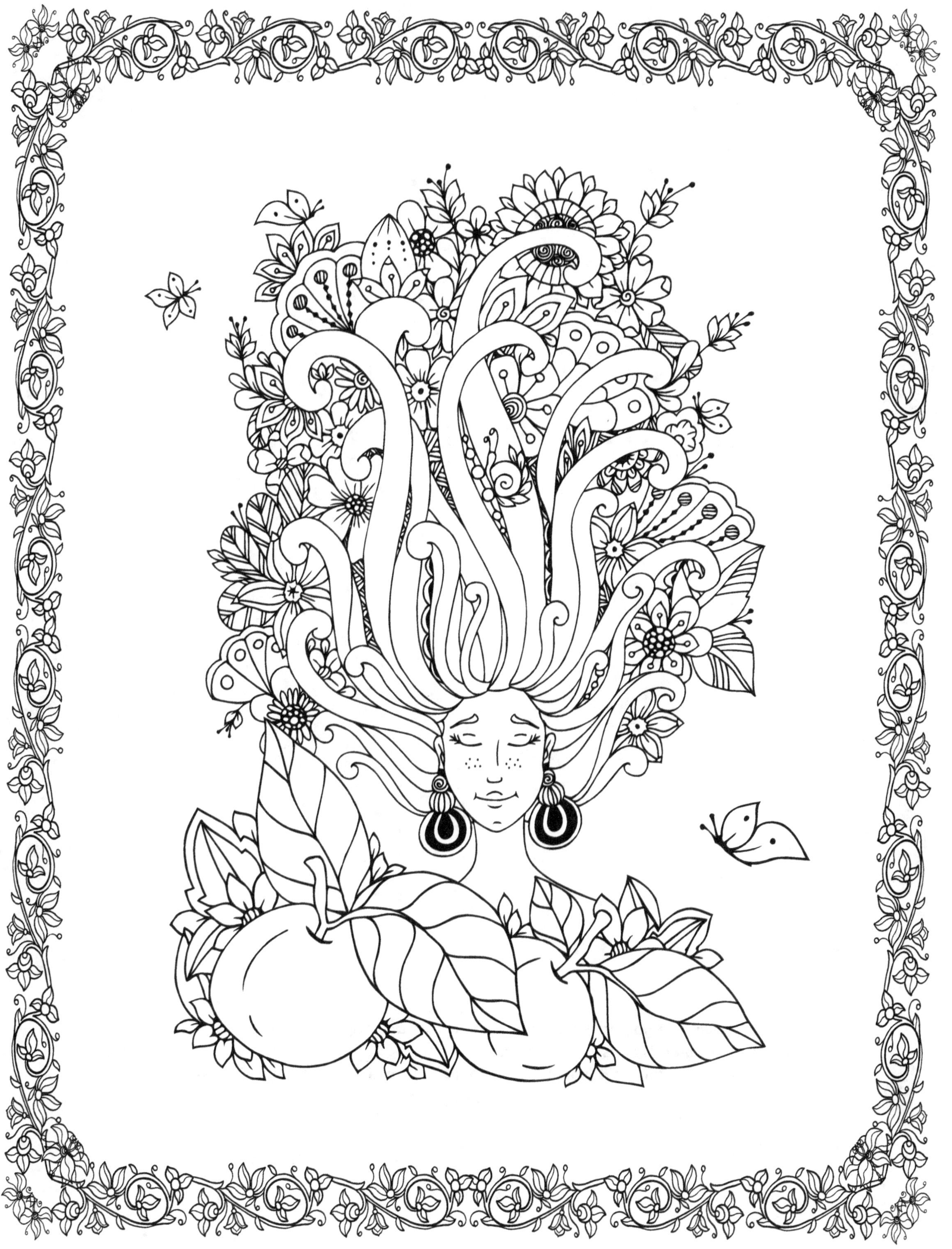

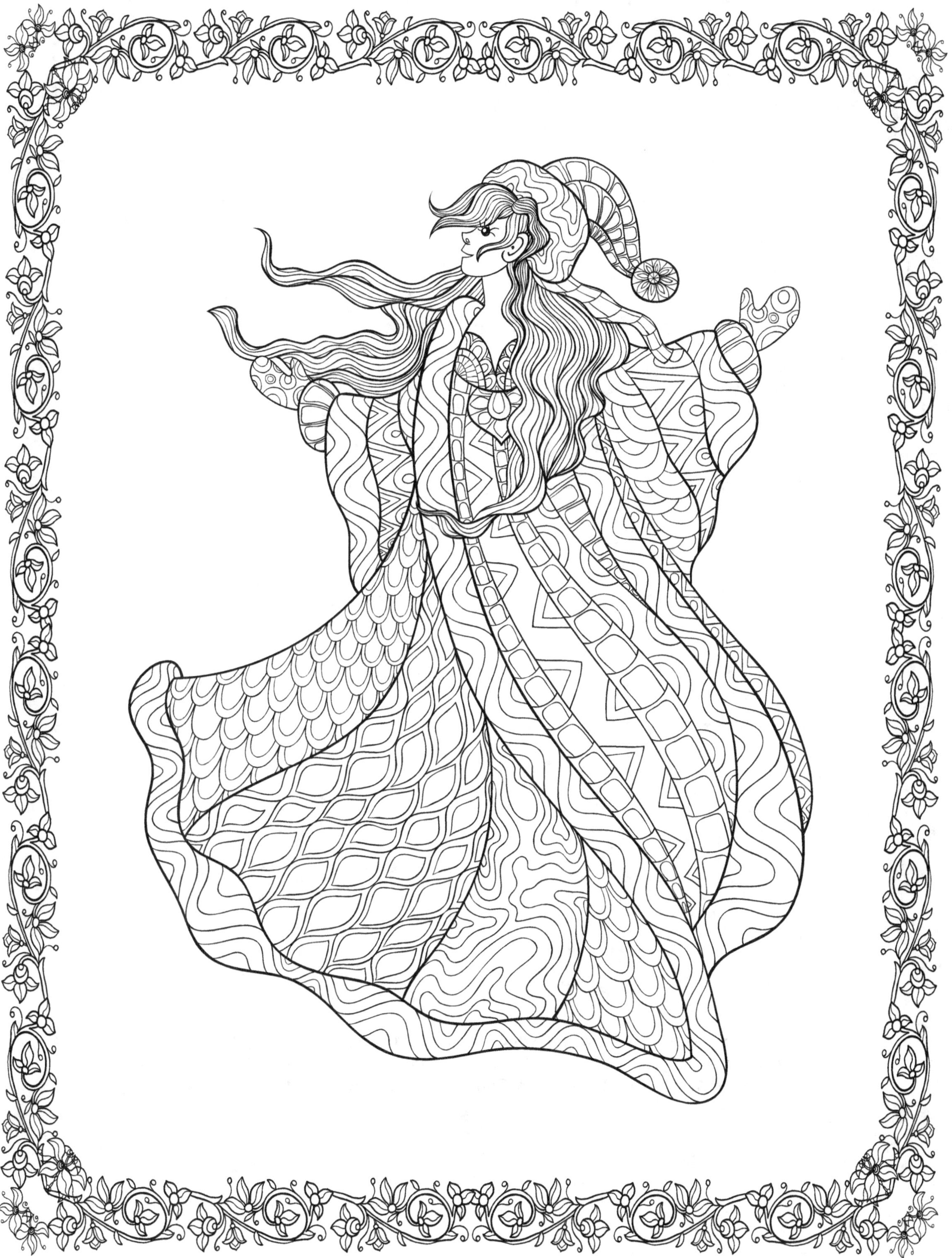

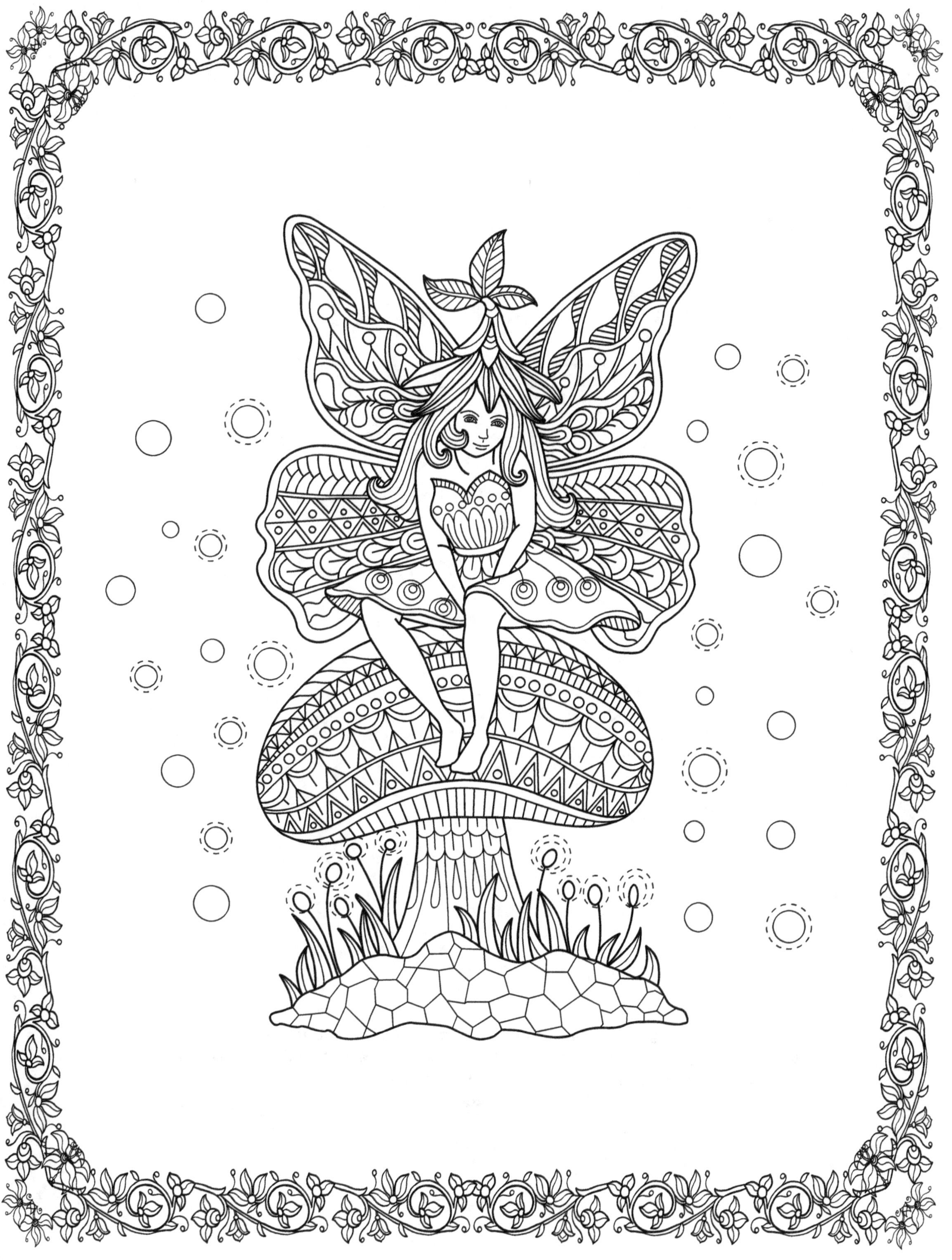

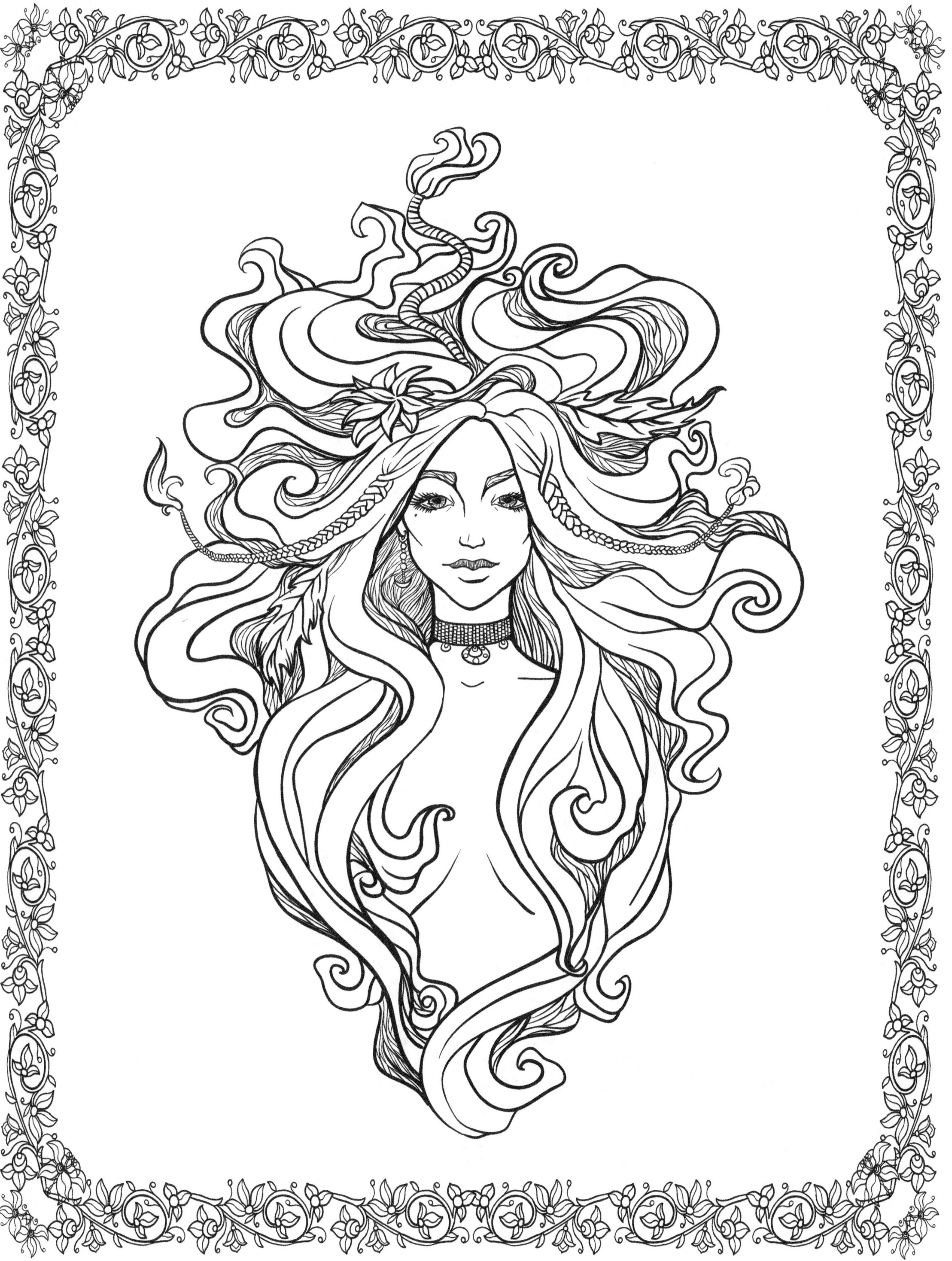

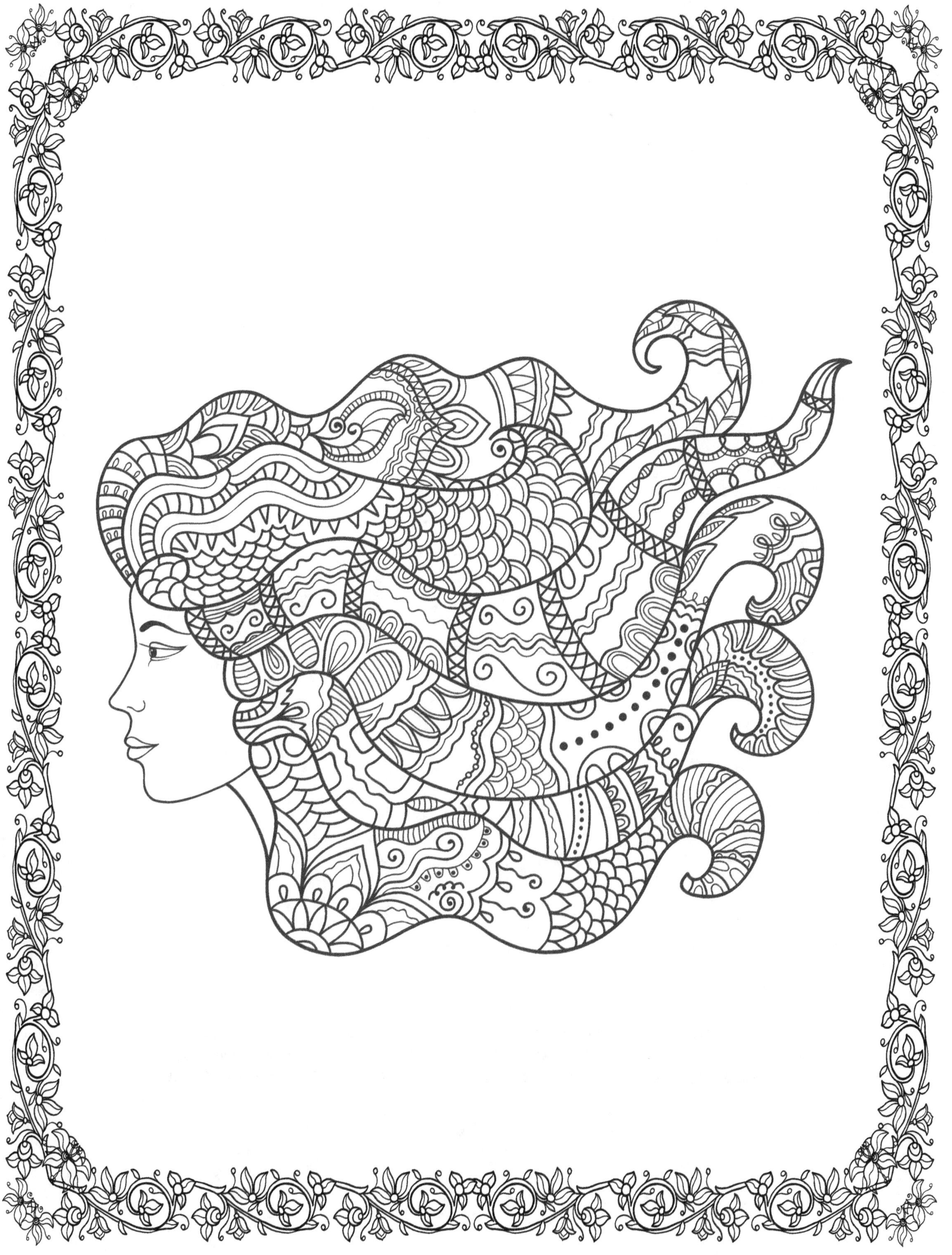

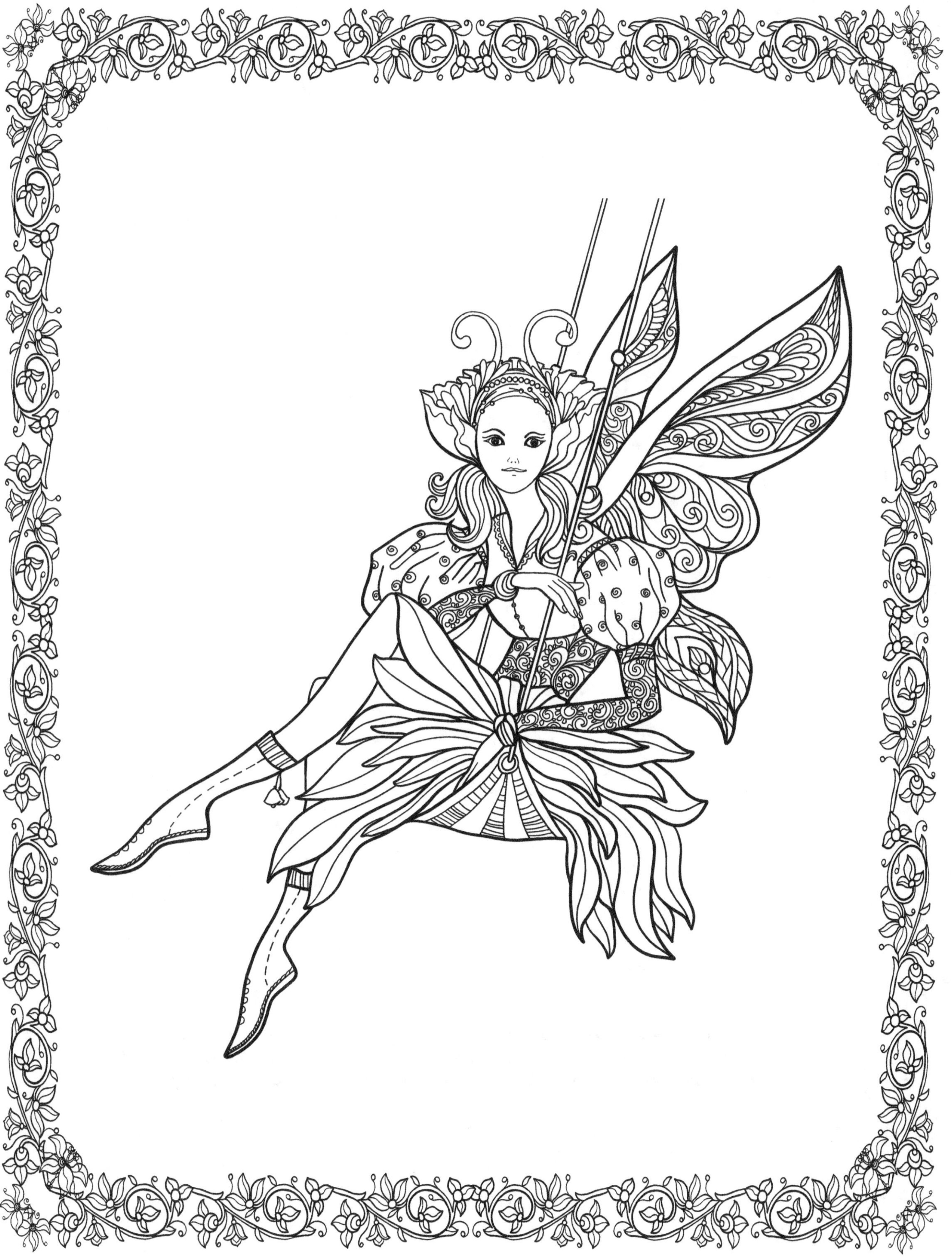

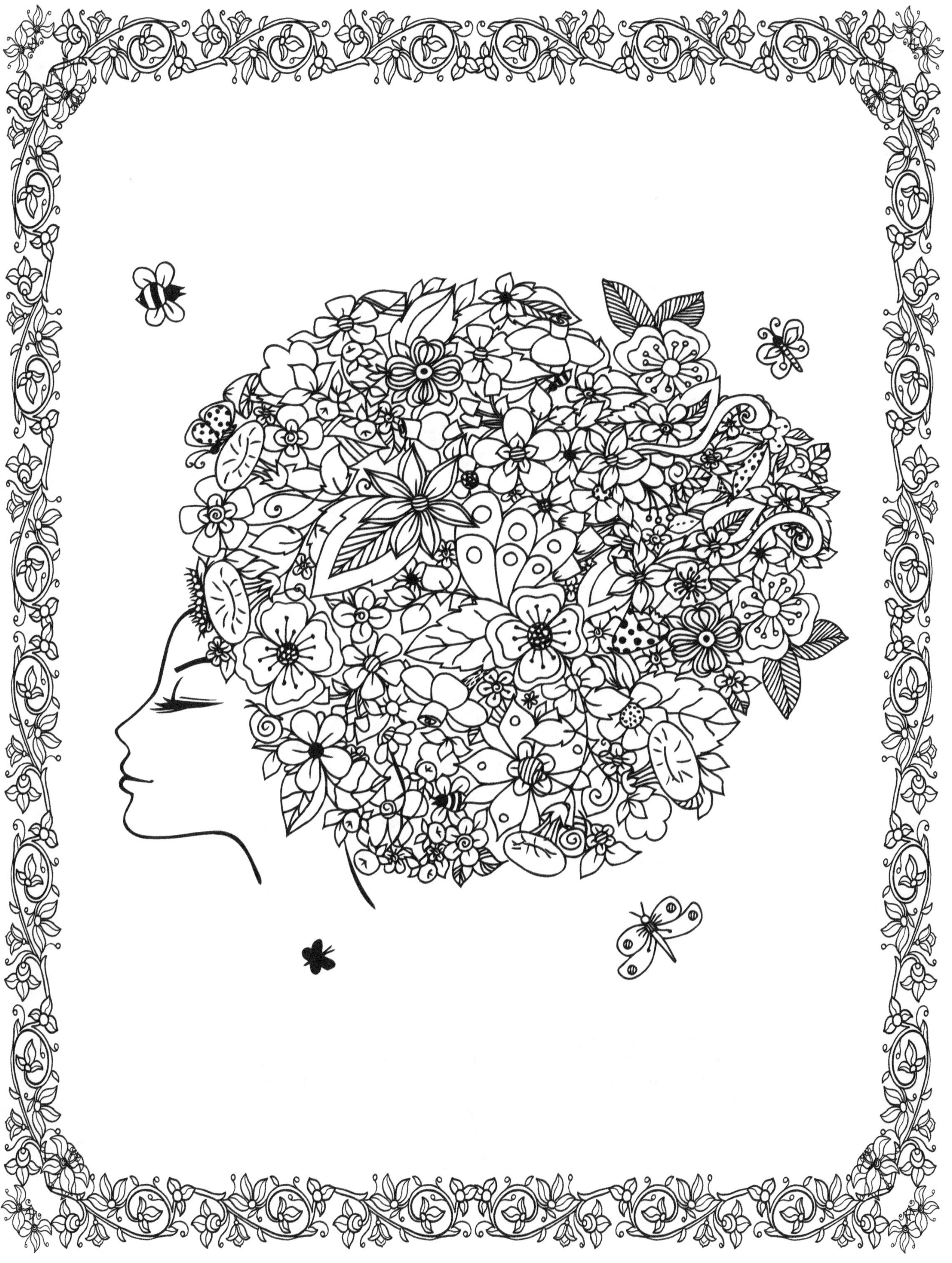

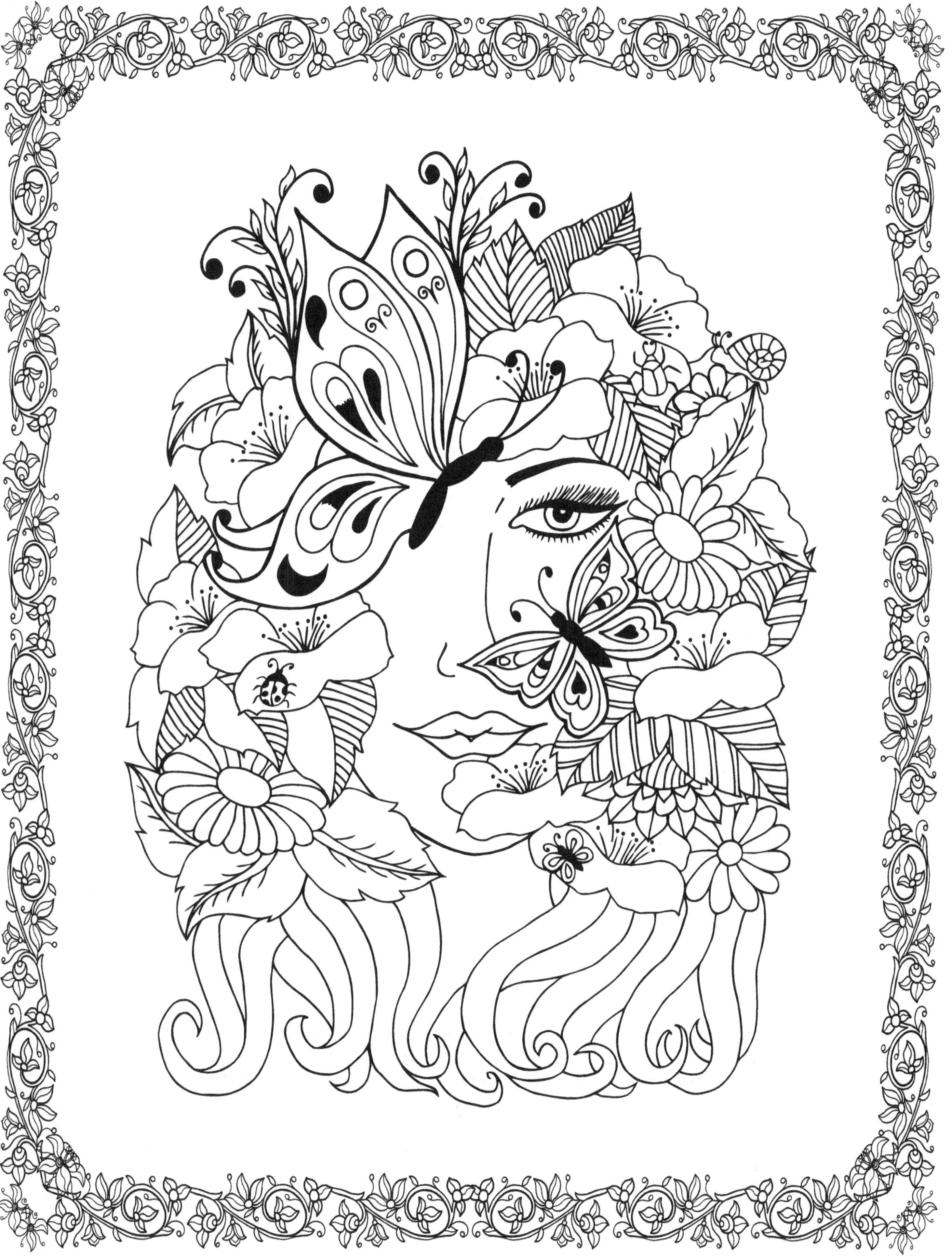

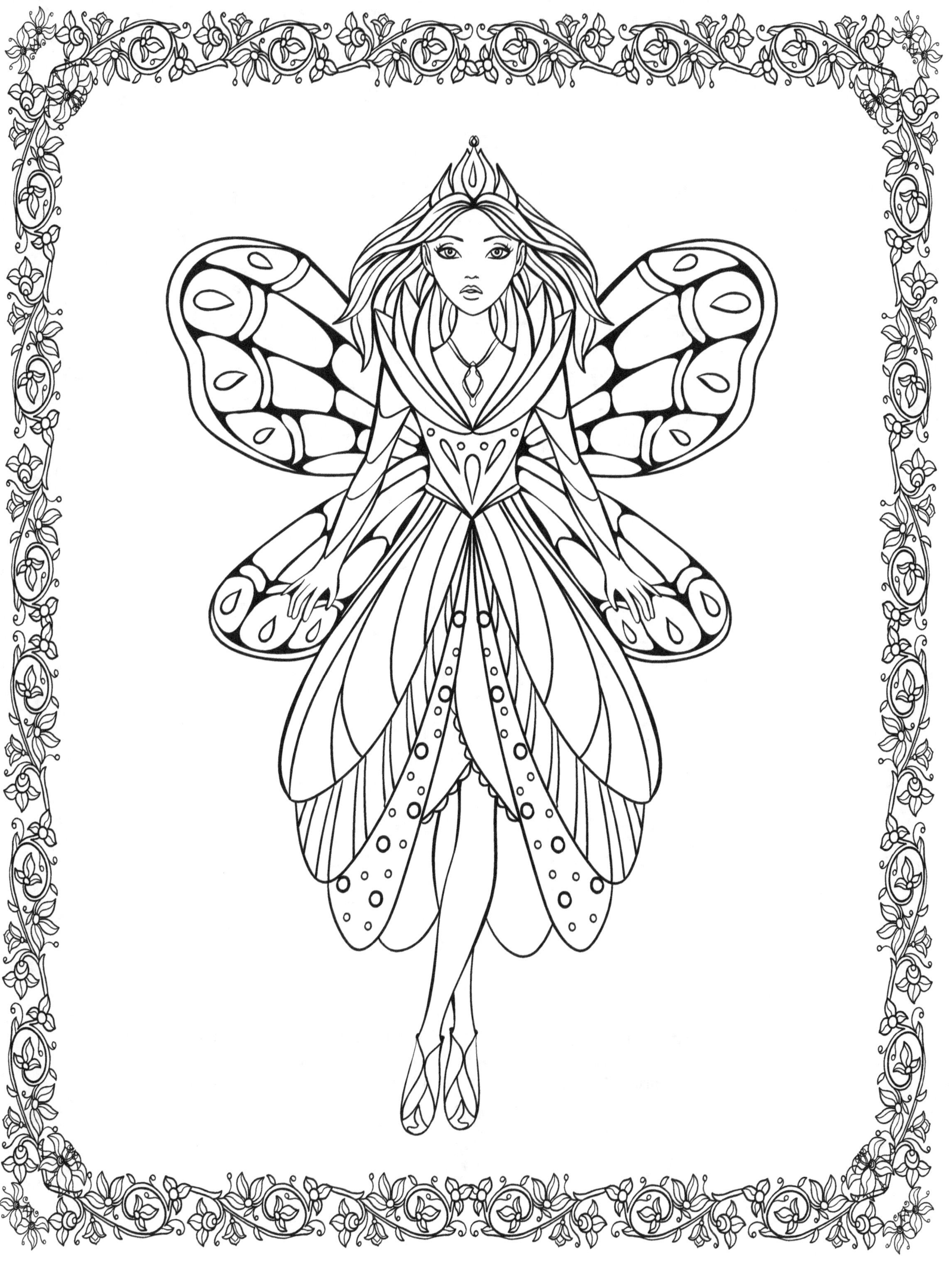

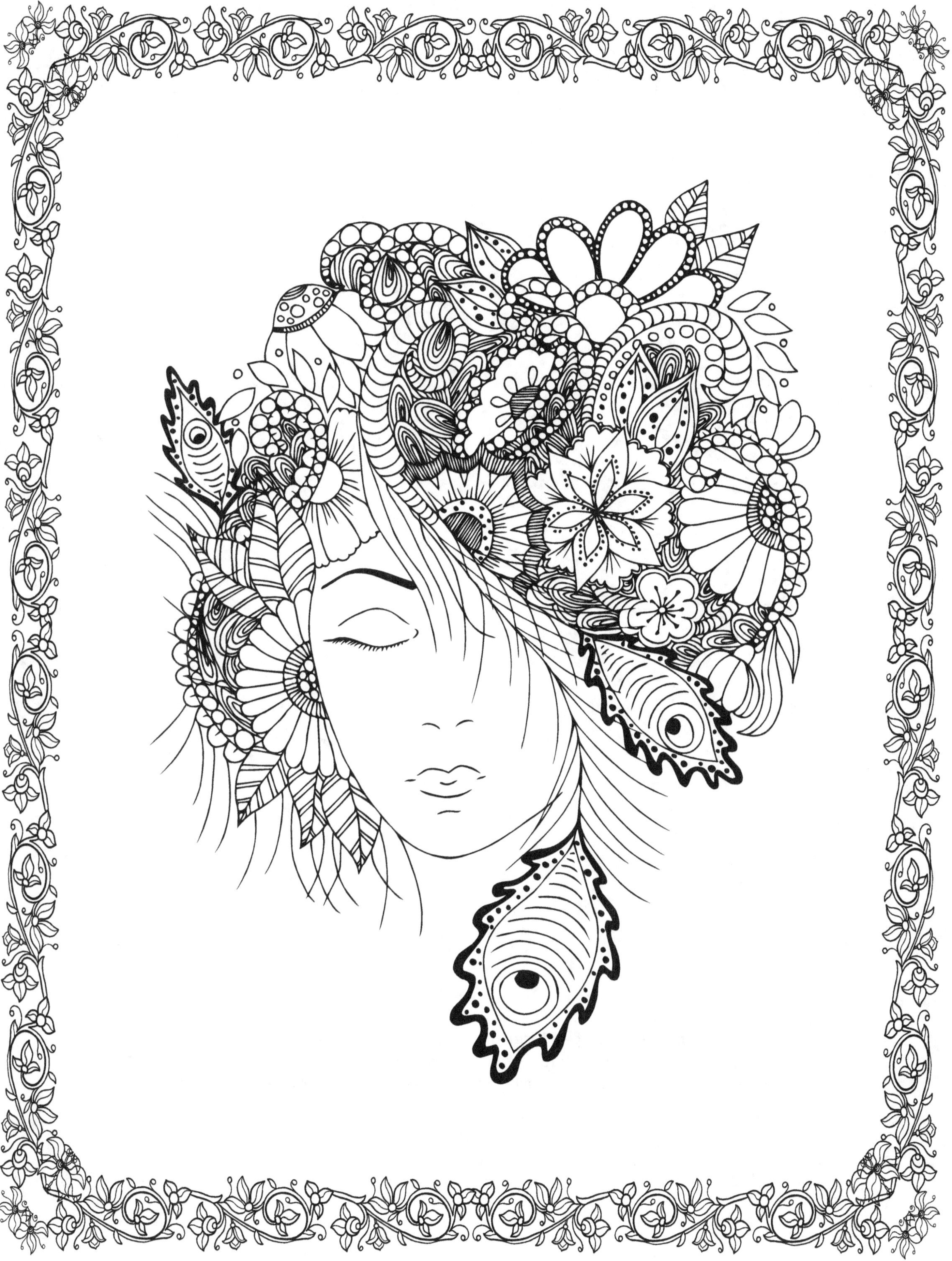

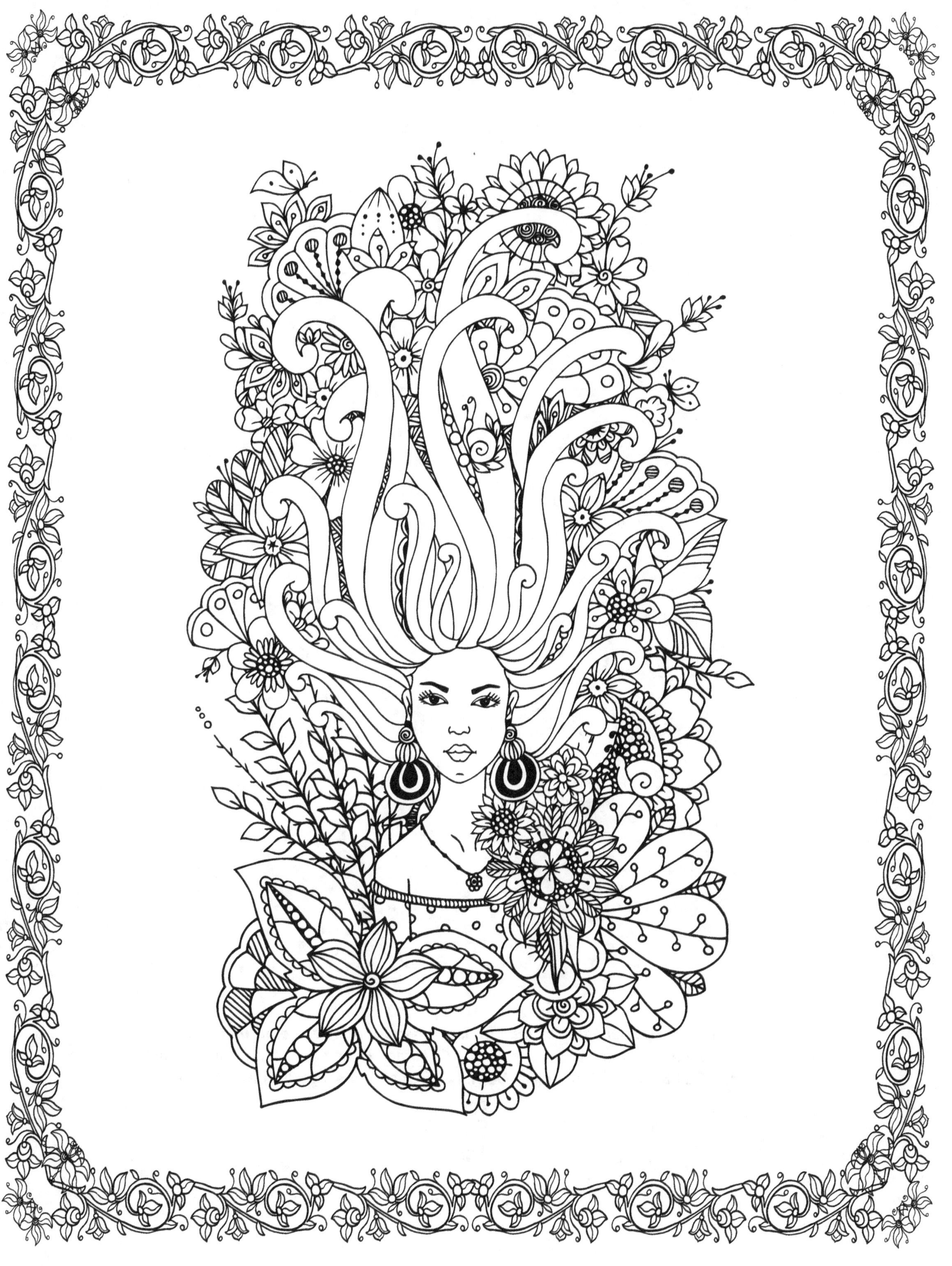

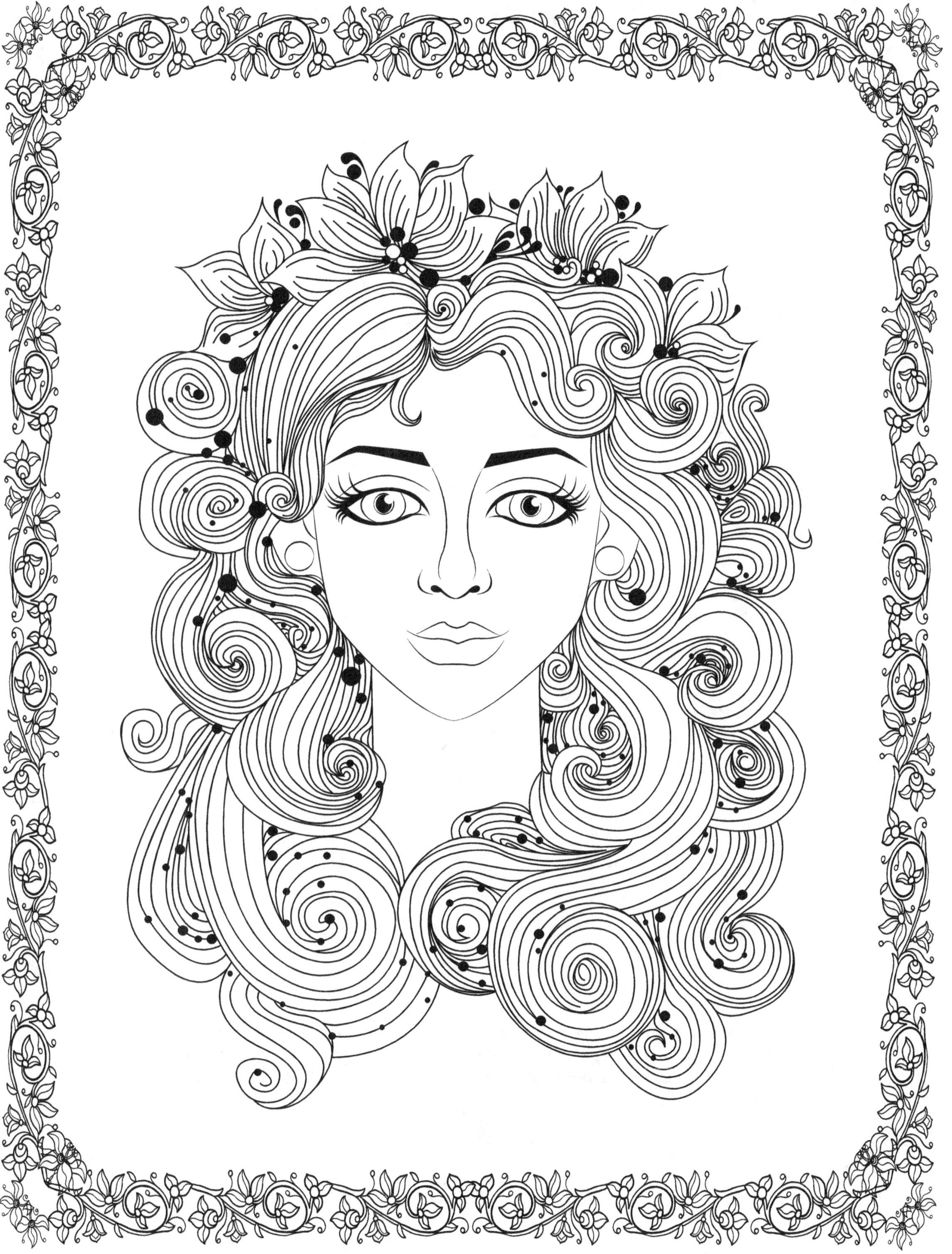

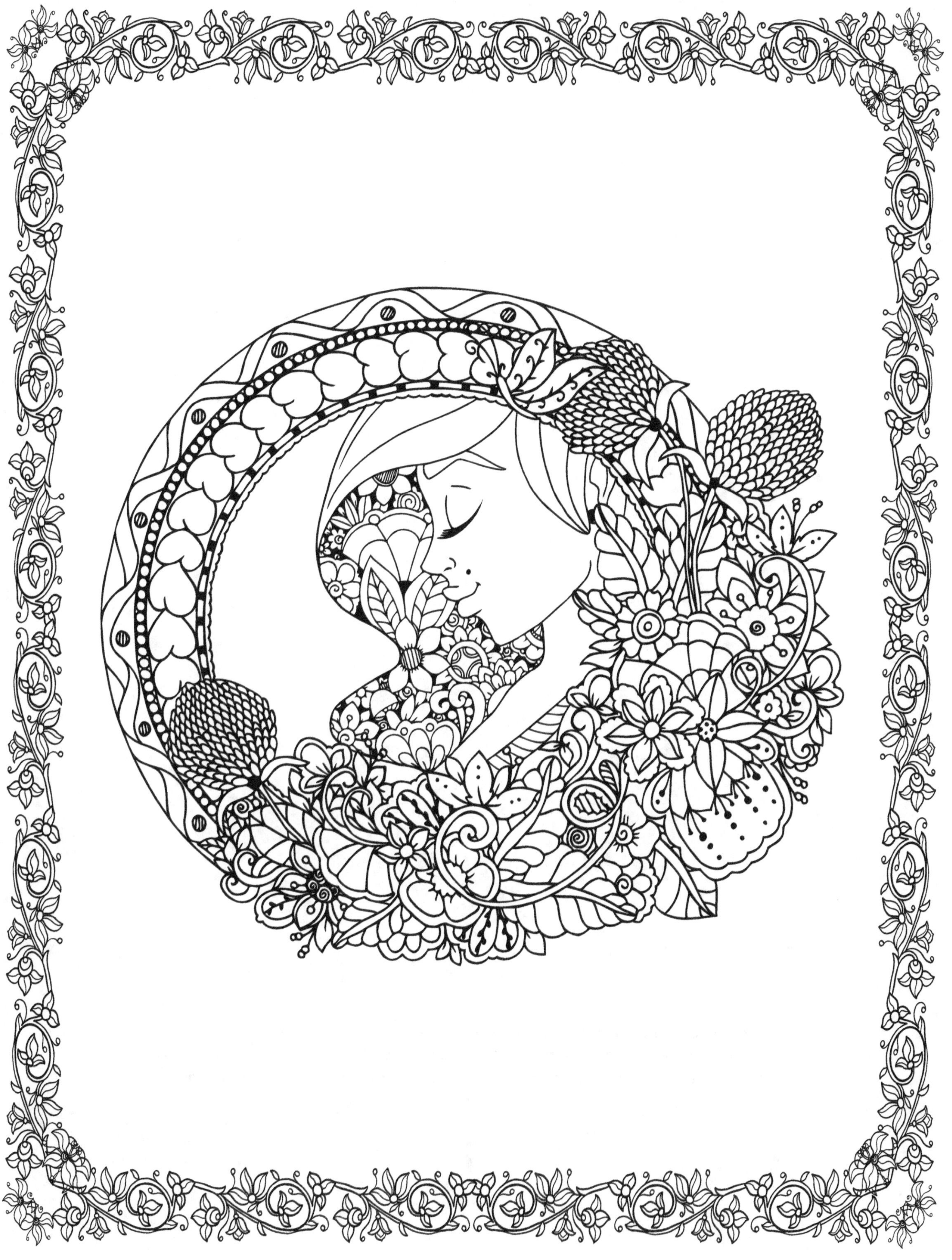

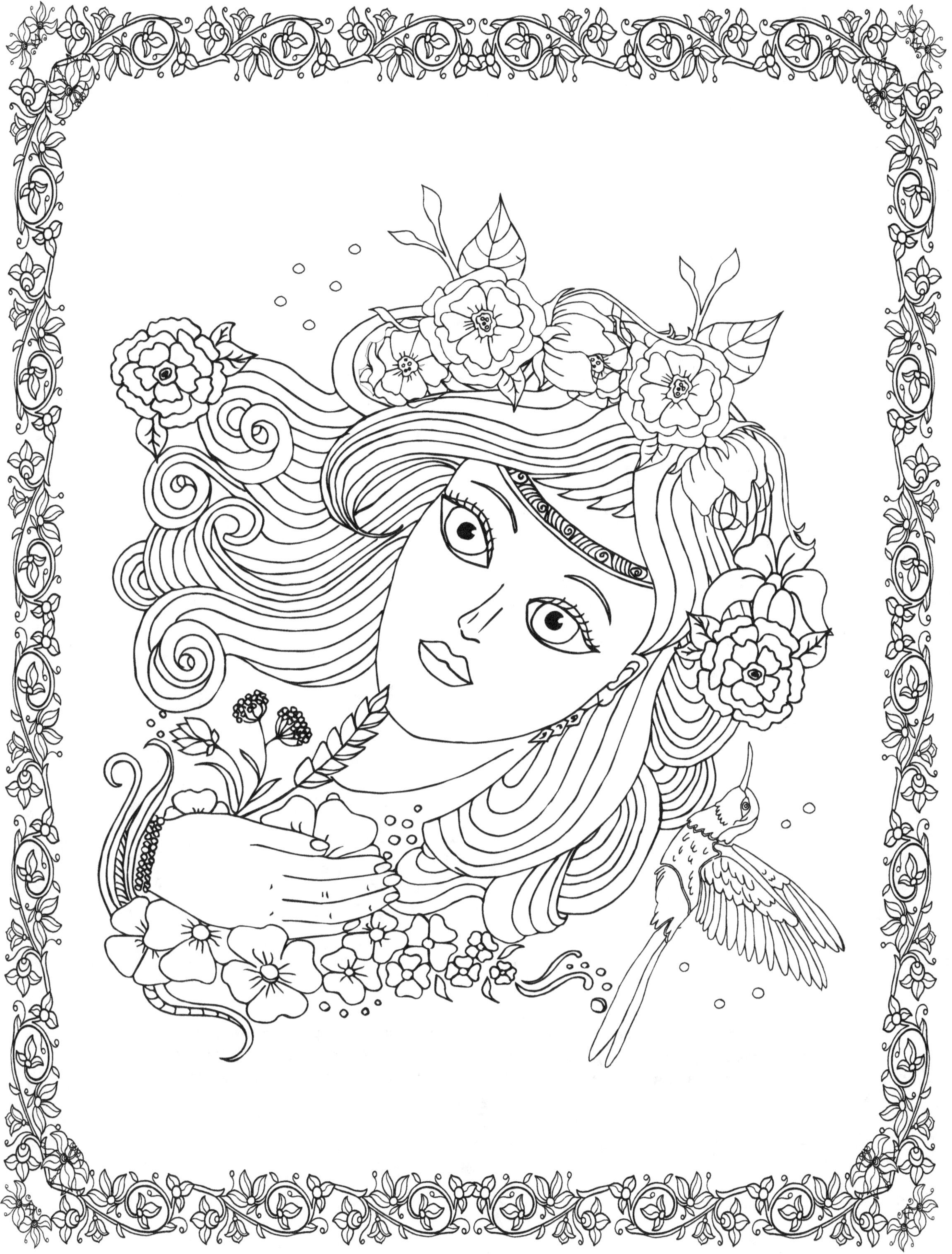

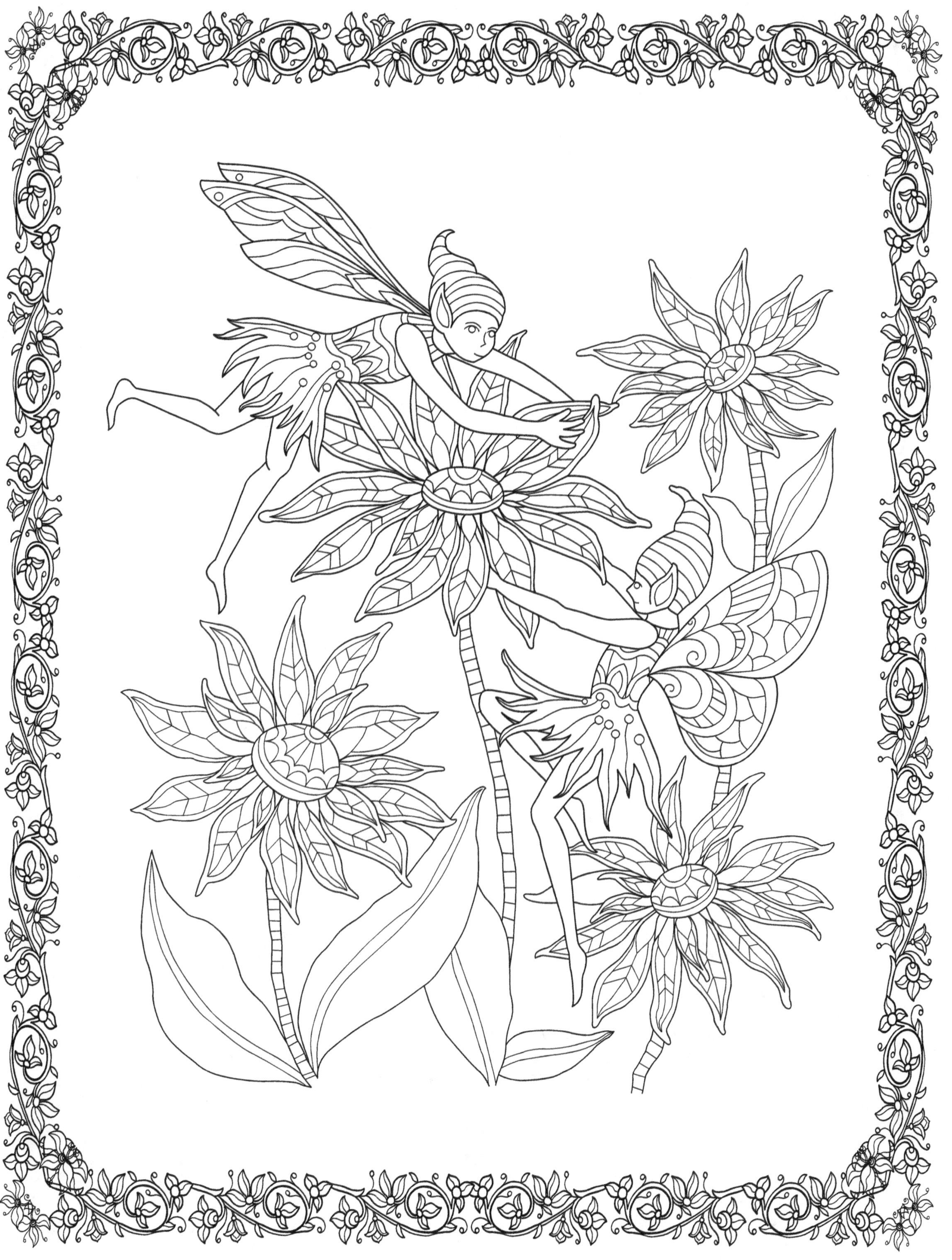

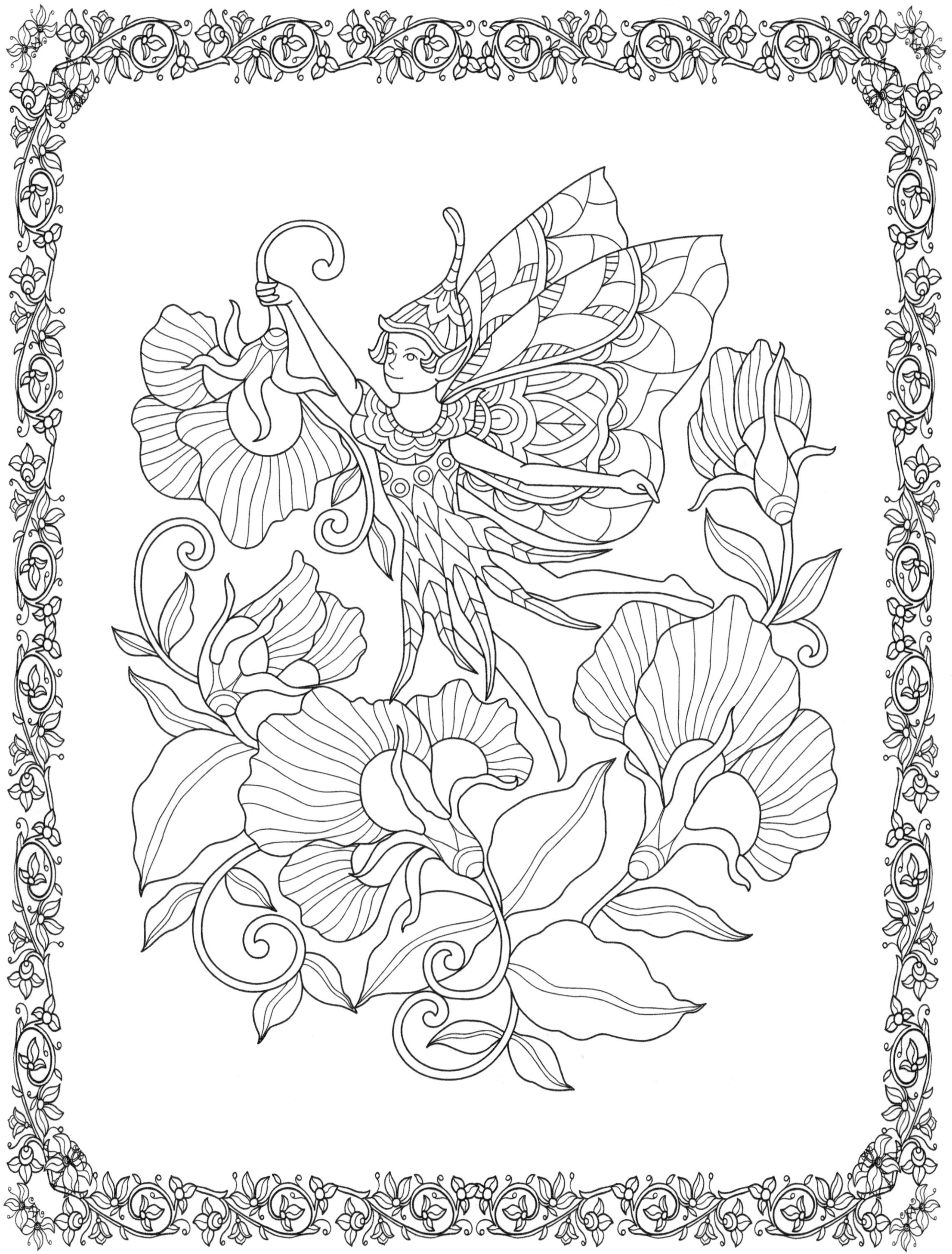

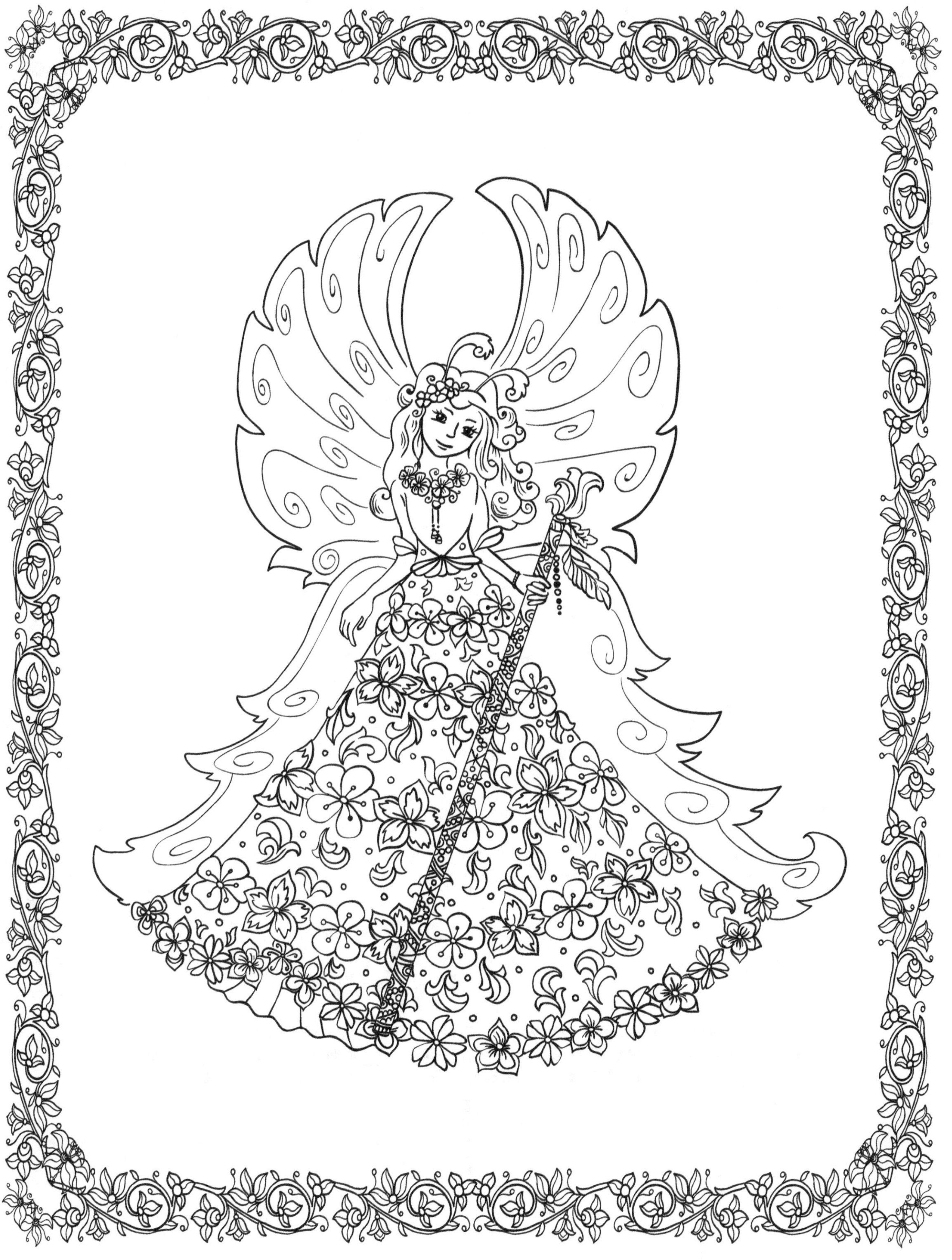

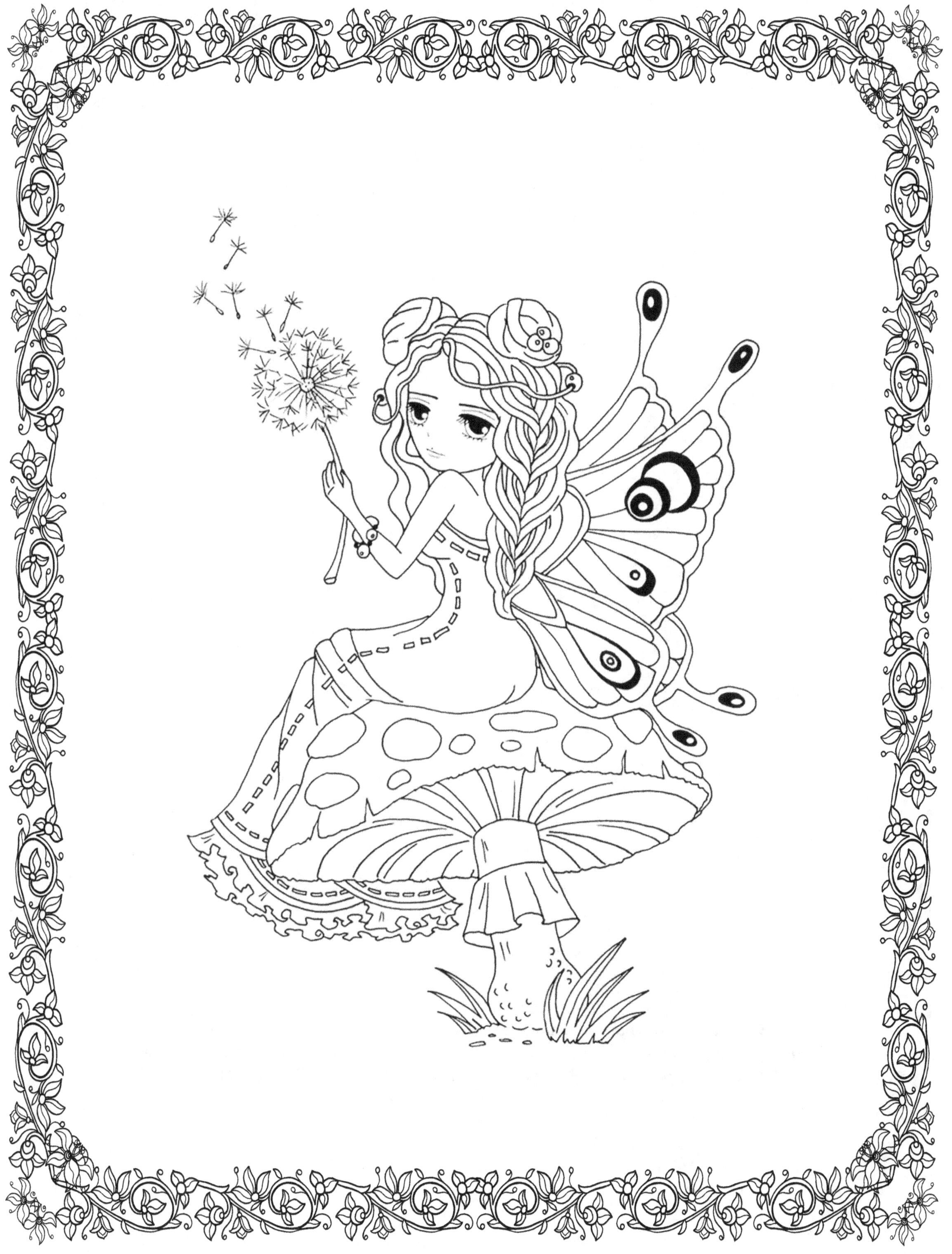

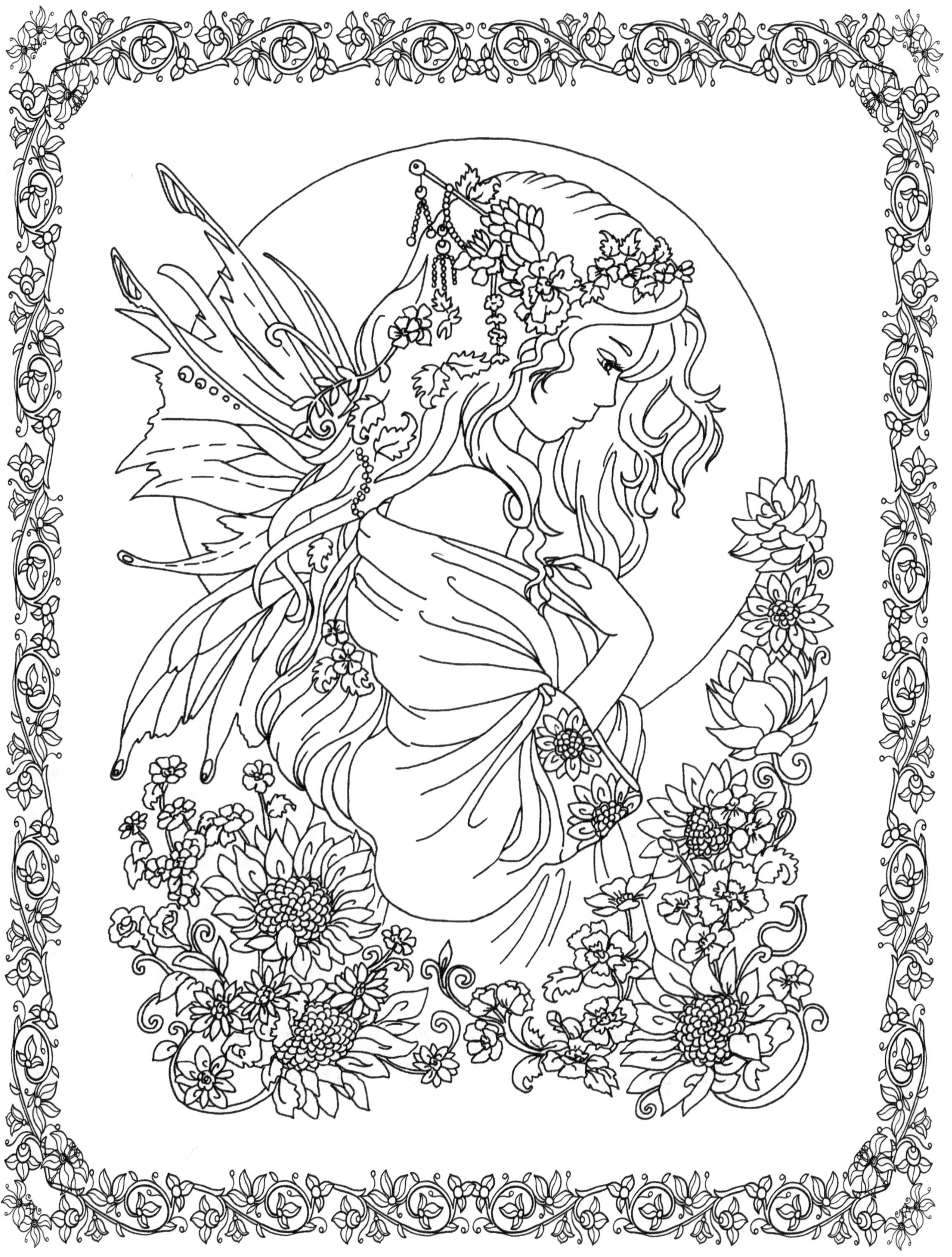

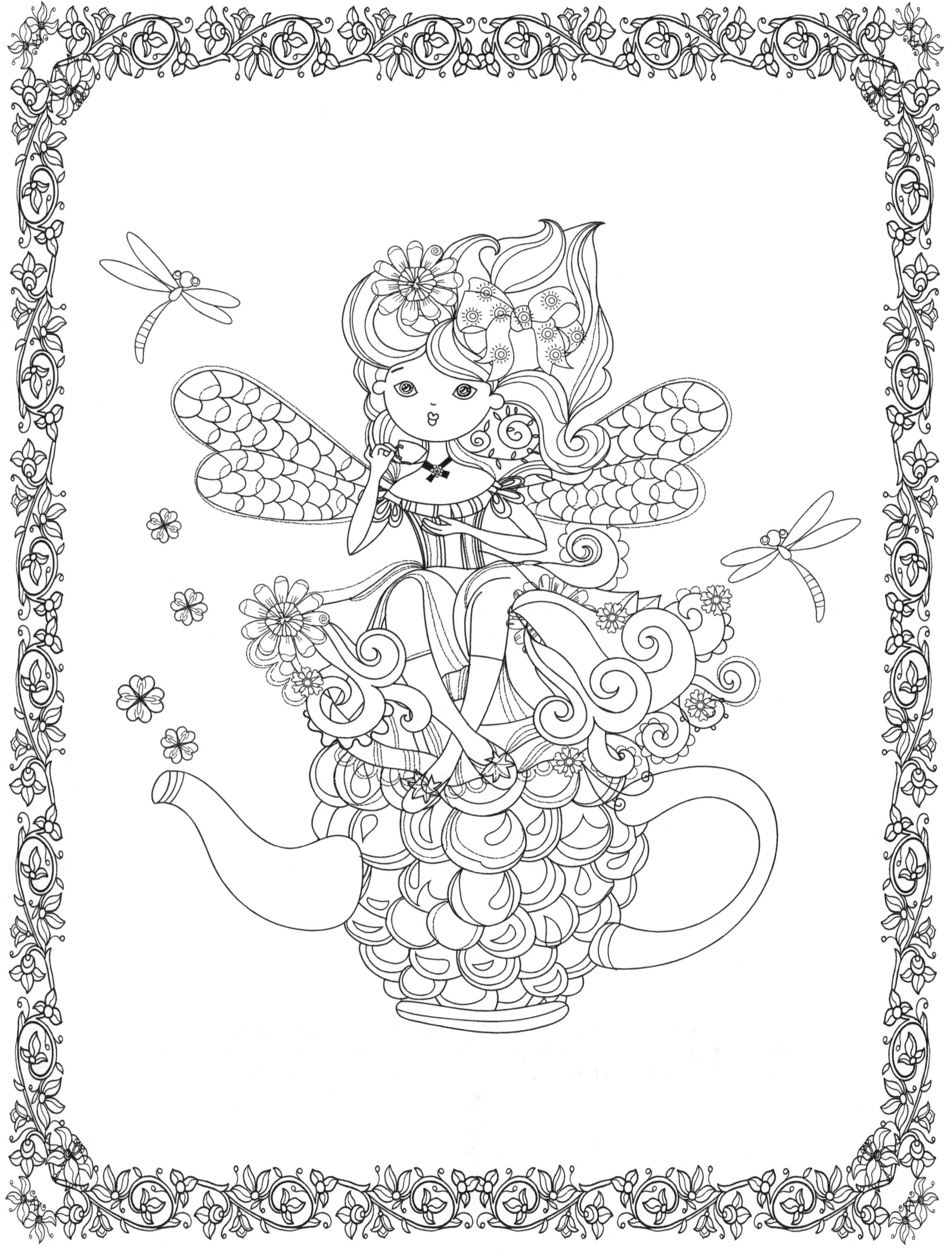

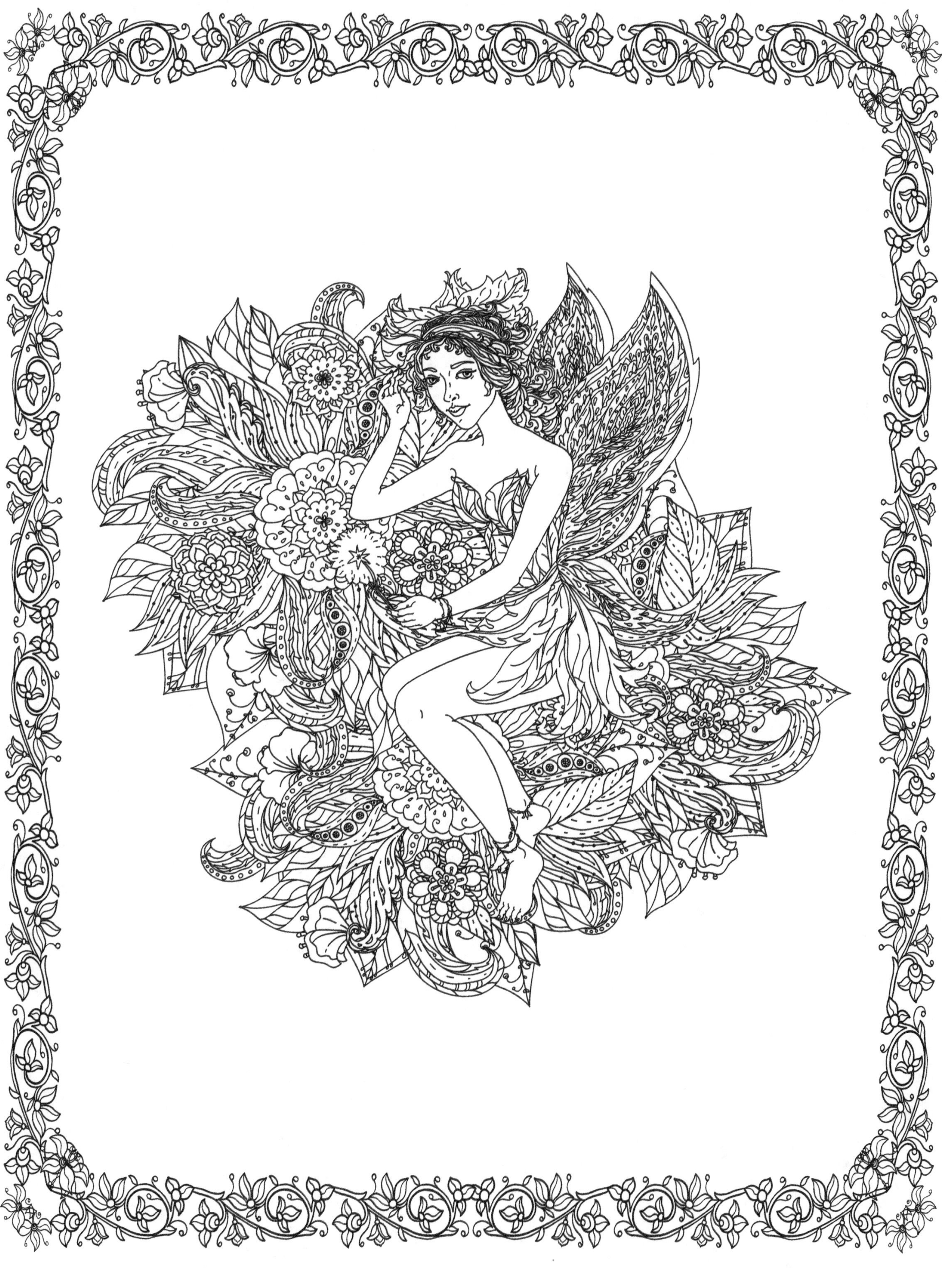

www.ingramcontent.com/pod-product-compliance
Lightning Source LLC
Chambersburg PA
CBHW080503030726
47592CB00011B/3226